父母语言魔法清单

[日]三好真史 著　覃思远 译

北京科学技术出版社

KODOMO GA MASSUGU SODATSU KOTOBAKAKE TAIZEN by Shinji Miyoshi
Copyright © Shinji Miyoshi 2023
All rights reserved.
Original Japanese edition published by FOREST Publishing Co., Ltd, Tokyo.
This Simplified Chinese language edition is published by arrangement with
FOREST Publishing Co., Ltd., Tokyo in care of Tuttle-Mori Agency, Inc., Tokyo
through Pace agency Ltd., Jiangsu Province.
Chinese (Simplified Character only) translation rights © 2024 Beijing Science and
Technology Publishing Co., Ltd.

著作权合同登记号 图字：01-2023-4726

图书在版编目（CIP）数据

父母语言魔法清单 /（日）三好真史著；覃思远译. — 北京：北
京科学技术出版社，2024.5
ISBN 978-7-5714-3293-5

Ⅰ. ①父… Ⅱ. ①三… ②覃… Ⅲ. ①亲子关系 – 家
庭教育 Ⅳ. ①G78

中国国家版本馆CIP数据核字（2023）第202554号

策划编辑：唱　怡
责任编辑：蔡芸菲
责任校对：贾　荣
图文制作：辰安启航
责任印制：吕　越
出 版 人：曾庆宇
出版发行：北京科学技术出版社
社　　址：北京西直门南大街 16 号
邮政编码：100035
电　　话：0086-10-66135495（总编室）　 0086-10-66113227（发行部）
网　　址：www.bkydw.cn
印　　刷：三河市华骏印务包装有限公司
开　　本：889 mm × 1194 mm　1/32
字　　数：120 千字
印　　张：10
版　　次：2024 年 5 月第 1 版
印　　次：2024 年 5 月第 1 次印刷
ISBN 978-7-5714-3293-5

定　　价：69.00 元

前　言

在每天的生活中，家长不经意间可能会对孩子说成百上千句话，而孩子的成长也会深受这些话语的影响。

本书要探讨的就是这些此前尚未被清晰而系统地整理过的"家长的语言"。它好像一部辞典，集结了教育孩子所需的各种话语。

有关"家长话术"的书籍通常只是给出"在这种情景下这样讲就可以"的简单应对方案，此类书中会提及：当孩子在餐厅里哭闹时，我们要安抚他；当孩子发脾气时，我们要学会倾听等诸如此类的方法。

本书并不推荐这种简单的、一一对应的程式化方法。

因为，考虑到孩子自身的性格、家长的性格、家长与孩子的关系等因素，普遍适用的程式化方法其实并不存在。

实际上，了解更多的沟通方法，适时地选取恰当的语言与孩子沟通或许才是最佳方案。

13 年来，作为小学教师的我一直在从事教育孩子的工作。而现在我正在日本京都大学研究生院教育学研究科学习，寻求更好的教育方法。在此过程中，我开始关注"家长如何与孩子沟通才能激发孩子的动力"这一问题。

在对亲子沟通的方法进行总结归纳后，我发现其中蕴含着许多规律。与孩子沟通无非是需要家长将这些方法依据现实情况重新排列组合。本书基于心理咨询和指导方法、阿德勒心理学、应用行为分析理论、交流分析理论、激励话语理论等观点，将沟通方法理论化并归纳整理，使其成为每个家长都能轻松应用的方法。

本书的目标是帮助家长学会在恰当的时机进行恰当的沟通。

对于教育孩子经验尚浅的家长来说，阅读本书或许是一个学习如何表达的好机会，而对于已经得心应手的家长来说，阅读本书则是一个重新审视自己的沟通方式、探寻更好的语言表达的好机会。

书中列举了许多表达范例，但并不意味着我们只需背下这些固定表达或只需照做就可以了。我并不推荐单纯地背诵或模仿的做法。

请允许我再次重申：关于亲子沟通并不存在诸如"在这

种情景下要这样讲"的正确答案，范例虽有参考价值但并非一定之规。请参考书中的例子，将其替换为当下孩子所面临的问题，灵活应用。

沟通其实并不难。

家长只需在对孩子讲话时稍加留意，就可以使亲子关系产生魔法般的变化。让我们在亲子沟通上多花一些心思，帮助孩子更好地成长吧！

本书的使用方法

本书将亲子沟通的语言归纳为：表扬、批评、提问、鼓励、反向激励5种类型。针对每种类型的语言，本书介绍了10种方法，并提供了情景范例，归纳出语言表达的要点。

本书的内容可以简要总结如下：

①介绍了5种类型的亲子沟通的语言；

②讲解了每种语言的表达要点及提升沟通效果的方法；

③给出应用方法前的沟通事例，并分析没有实现沟通效果的原因；

④给出应用方法后的沟通事例；

⑤讲解所使用的方法对亲子沟通有何帮助。

在阅读本书的过程中，我们可以利用文末的表格检查并确认自己的沟通方法，将其分为"已掌握的方法"和"尚未掌握的方法"，这样阅读会更有效。

本书介绍了 50 种沟通方法，但我们无须完全掌握所有方法。

我们可以从那些"尚未掌握的方法"中选取一些你想要尝试的，试着运用，反复验证效果。不断尝试后，我们掌握的沟通方法就会越来越多，也就可以应对孩子的各种状况了。

沟通方法是一种实践技能，仅靠读书远远不够。仅靠读书来学习如何沟通，无异于纸上谈兵，即便学习了用兵之法，如果不实际操练也无法打胜仗。

只有经过实践才能将方法融会贯通。而除此之外，在阅读本书期间，甚至是读完本书后，我们依旧处于学习过程之中。

只有当我们在与孩子沟通时能够下意识地使用这些方法，对本书的学习才算告一段落。

目 录

第 **3** 章 批评的方法

第 **5** 章   鼓励的方法

第 6 章 反向激励的方法

第 1 章

沟通的基本心理

沟通如同心灵滋养

Before

孩子：妈妈平时总催我收拾房间，那我今天就来收拾一下吧。好啦，做完啦！

妈妈：……

孩子：妈妈会怎么说呢？

妈妈：……

孩子：啊？居然什么都没说……是不是不喜欢我这样做？……我明明很努力了啊！

在教育孩子这件事情上，沟通究竟有多重要呢？

没有沟通，教育也就无从谈起。

在欧洲有这样一个广为流传的故事。

欧洲有一位名为腓特烈二世的皇帝，他对婴儿习得语言的过程很好奇，一直思考"在不接受语言教育的情况下成长起来的孩子会怎样说话呢？"于是他找来了50个婴儿进行研究。

在实验中，他让乳母与护士负责照顾婴儿，但禁止他们与婴儿产生任何互动，要做到：不对视、不微笑、不说话。

最终实验不得不中途告停，结果也十分令人心痛，尽管这些婴儿得到了充足的食物，却依然接二连三地去世了。

这个故事让我们意识到：人在成长过程中，与他人的交流不可或缺。

植物没有水无法成活，同样，不与他人交流的人也无法生存。

美国精神分析医生埃里克·伯恩 (Eric Berne) 提出了"交流分析理论"，其中人与人之间的交流被称为"安抚"。

安抚本意为抚摸、摩挲，是一个表示身体接触的词汇，

3

而在交流分析理论中则是指"认同对方存在的行为"。

正如身体发育需要蛋白质、维生素等营养物质一样，心灵也需要营养。心灵所需的营养，就是安抚。安抚可以有很多形式。

- 家长对孩子说"早上好"；
- 家长对正在哭泣的孩子说"没关系的"；
- 家长紧紧地抱住孩子；
- 家长对考试成绩不理想的孩子说"下次会考好的"，再拍拍他的肩膀。

这些都属于安抚。

在教育孩子时，我们需要掌握丰富的沟通方法。饱含爱意的语言也是安抚的一种，它可以使孩子的心灵健康成长，这种安抚对孩子来说不可或缺。

After

孩子：妈妈平时总催我收拾房间，那我今天就来收拾一下吧。好啦，做完啦！

妈妈：呀，你今天把房间收拾好了呢！ 安抚

孩子：嘿嘿……

妈妈：房间整洁了，我很开心！谢谢宝贝！ 安抚

孩子：嗯！（妈妈和我说谢谢了呢，我以后也要坚持收拾房间！）

左右孩子成长的沟通方式

Before

👧 **孩子**：快看快看，这次数学测验我考了 100 分！

👦 **爸爸**：好棒啊！宝贝，你真聪明啊！做得好！

👧 **孩子**：嗯嗯。

（又一次测验，却只考了 60 分。）

👧 **孩子**：啊，才 60 分呀……（可能我也不是很聪明。）

无论孩子成功或失败，家长都要对孩子说些什么。

我们通常会从以下的角度评价孩子：

● 将结果归因为"天赋"；

● 将结果归因为"努力"。

实际上，人在成年后的生活态度很可能受到童年时家长表扬方式的影响。

那么我们究竟要表扬孩子的天赋还是努力呢？

如果把语言表达的焦点放在天赋上，我们大概会这样说：

"你真是个天才啊！"

"敢挑战自我就很不错了，不是吗？"

"你可能不适合做这件事。"

而如果把焦点放在努力上，我们则会这样说：

"你很努力了，不错！"

"我们一起来想一想吧，怎样做能变得更好！"

"即使不能立刻变好，也不用太在意！"

即使孩子在某方面已经取得了优异的成绩，我们也不要轻易将其归结为天赋使然。

因为，如果我们总是关注天赋，那么失败时孩子就会产生"原来我没有这方面的天赋""我原本就做不好这件事"的想法。

但如果我们时常把评价的焦点放在孩子的努力程度上，那么即使失败了，孩子也能积极面对。他会去想"看来我努力得还不够""我该如何改善"。这样可以培养孩子不屈不挠的精神。

家长要保持这样的态度：相较于结果而言，孩子的努力更有意义。无论结果如何，我们都要宽容地接纳它。

家长要用态度和语言向孩子传达一种信念：人只要用心就可以学会任何事。

After

孩子：快看快看，这次数学测验我考了 100 分！

爸爸：好棒啊宝贝！看来你为了这次测验准备得很充分！你平时的努力没有白费啊！ 归结为努力

孩子：嗯！

（又一次测验，却只考了 60 分。）

孩子：才 60 分，一定是因为我还不够努力，那我就再好好复习一遍吧！

既要严厉，又要温和

你是否也有过这样的烦恼：与孩子沟通时，究竟要表现得严厉还是温和？让我们根据一项调查，来一起思考家长的角色问题吧。

2001 年，心理学家劳伦斯·斯坦伯格（Laurence Steinberg）针对 1 万多名十几岁的美国孩子进行了一项关于"家长行为"的调查，想要了解家长如何与孩子相处和沟通。结果表明，"既严厉又温和、尊重孩子自主性"的家长能够培养出学业成绩更好的孩子。

这些孩子往往有如下特点：

- 自主性很强；
- 患焦虑症、忧郁症等疾病的概率较低；
- 走上犯罪道路的概率较低。

这个结果极具参考价值。

所谓"温和"是指对孩子不遗余力地支持，也可以说是温柔地照顾。

这说明家长在与孩子相处时要同时具备两种态度：既严厉又温和。这听起来似乎有些矛盾。因为我们往往会认为，对孩子的态度要么严厉要么温和，二者只能选其一。

实际上，在与孩子沟通时这两种态度完全可以兼而有之。

温和的反面是冷淡，严厉的反面是溺爱，将它们放进坐标系中就可以得到关于教育的 4 种方式。

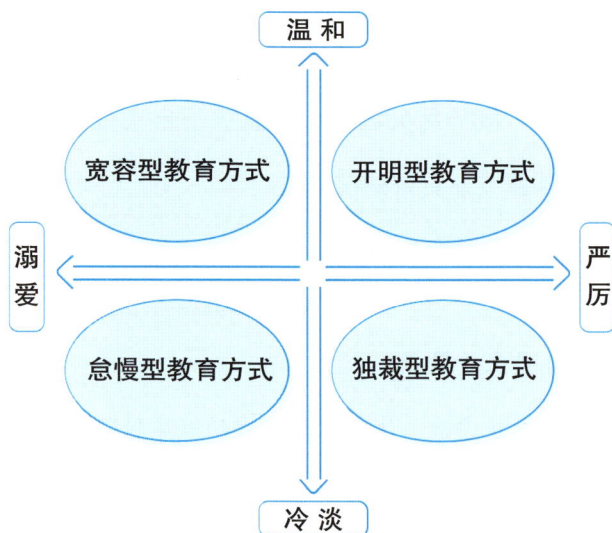

下面我会详细分析这 4 种教育方式，你也可以思考一下自己的教育方式属于哪一种。

①开明型教育方式（既温和又严厉）

这类家长认为，为了最大限度地激发出孩子的能力，在给予孩子爱和自由的同时，也有必要对孩子的行动给予一定的限制。

这类家长的权威性并非建立在权力之上，而是来自于知识与智慧。

孩子既受到了家长的严格要求，同时也获得了温暖的支持，这样的孩子会朝着正确的方向茁壮成长。

②独裁型教育方式（既冷淡又严厉）

这类家长对孩子言辞严厉，却不能监督孩子将自己的要求贯彻到底。

家长对孩子强硬地提出严格的要求，但在孩子表现出苦恼时，又从不向孩子伸出援手。

对孩子来说，自己的需求没有得到家长的尊重，因此他们的自主性并没有得到培养。他们会感到焦虑，甚至未来容易走上犯罪的道路。

虽然在家长面前他们会表现得温和顺从，但在学校里或与朋友相处时他们的态度可能会变得很粗暴。

③宽容型教育方式（既温和又溺爱）

这类家长往往不遗余力地为孩子提供支持，却很少对孩子提出要求。孩子可以随心所欲地度日，但由于缺乏严格的要求，他们的成绩往往停滞不前。此外，由于家长太过重视孩子的自主性，而没有对孩子进行管教，有时孩子会表现得自由散漫。

④怠慢型教育方式（既冷淡又溺爱）

这类家长既不对孩子提出任何要求，又不为孩子提供任何支持。他们似乎只是孩子的"室友"而已。这种怠慢型教育方式，会导致孩子产生消极的情绪。

通过对上述 4 种教育方式的解析，我们可以看出只有既温和又严厉的教育方式才是最好的。家长只有既对孩子抱有较高的期望又不遗余力地给予支持，才能促进孩子学习能力的提升，使孩子得到正向反馈，使孩子在未来拥有更多的可能性。

语言表达技巧的多样性

让我们来一起思考关于沟通方法的多样性问题。家长有时倾向于用单一的模式与孩子沟通。

首先,我们来看这个例子。

Before

(晚饭后,孩子正要起身回房间。)

妈妈:等一下!你不和其他人打招呼就走吗?你还没说"我吃饱了,你们慢慢吃"呢。

孩子:……我说了啊!

妈妈:没说呢,好好说一遍。

孩子:我吃饱了,你们慢慢吃!

妈妈:饭后要记得这样说啊!

😊 **孩子**：……（哎呀，烦死了！）

在许多生活场景中，我们都需要去纠正孩子的日常行为。像上述例子一样，我们经常会直接表达出对孩子的要求。当孩子没有与其他人打招呼就离席时，我们直接指出他的错误。这样直接的表达既节省时间，又容易理解，往往一句话就可以解决问题。如果孩子肯听，那么教导将是一件极其简单的事。

但一个很现实的问题是孩子不会那么轻易地接受教导。

如果想获得孩子的认同，就需要我们用心地去构思表达方式。

我们不要过于直白地说出自己的想法，而是要从多种不同的角度去表达。

沟通的语言大致可以归纳为 5 种类型：表扬、批评、提问、鼓励、反向激励。本书将会详细展开论述。

对于上文中的情景，我们可以参考以下例子，分别应用这 5 种类型的语言教导孩子。

After

1. 表扬

孩子：饭菜真好吃，我吃饱了，你们慢慢吃。

妈妈：知道让爸爸妈妈慢慢吃，真棒！　**表扬的语言**

孩子：嗯。（得到表扬了，今后我也要这样说！）

2. 批评

孩子：……（默默起身。）

妈妈：等一下，你坐下来！

你知道饭菜是许多人辛勤劳动的结晶吗？为了对

那些尽心为我们准备食物的人表达感谢，你要说

"饭菜真好吃"。　**批评的语言**

孩子：（原来如此。）

妈妈：所以饭后要真诚地表达感谢。

孩子：饭菜真好吃，我吃饱了，你们慢慢吃。

3. 提问

孩子：……（默默起身。）

🧑 **妈妈：** 等一下，坐下来！

你好像忘记讲一句话了，知道是什么吗？

提问的语言

🧒 **孩子：** 饭菜真好吃，我吃饱了，你们慢慢吃？

🧑 **妈妈：** 对了！吃完饭后要真诚地表达感谢，这是礼节。

🧒 **孩子：** 饭菜真好吃，我吃饱了，你们慢慢吃。

4. 鼓励

🧒 **孩子：** ……（默默起身。）

🧑 **妈妈：** "饭菜真好吃，我吃饱了，你们慢慢吃"这句话你说了吗？我知道你是怎么想的，特意说出来确实会有点不好意思，妈妈小时候也经常因为这件事而被批评呢。

🧒 **孩子：** 啊……

🧑 **妈妈：** 但是你的姥姥可是个很严厉的人，如果不说这些话她就会发火，久而久之妈妈就养成了习惯。说这些话使妈妈意识到要对食物和准备食物的人感恩。这种话说起来可能有点不好意思，却很重要，

你今后要好好说这句话。　　　**鼓励的语言**

孩子：嗯，饭菜真好吃，我吃饱了，你们慢慢吃！

5. 反向激励

孩子：……（默默起身。）

妈妈：哎？你好好想想，是不是忘了一件事？

反向激励的语言

孩子：嗯……啊！饭菜真好吃，我吃饱了，你们慢慢吃！

妈妈：想起来了啊，真棒！

如此简单的生活场景，我们都可以从 5 种不同的角度来切入实现与孩子沟通。究竟哪一种表达更有效则因人而异，需要我们根据孩子的特点去自己摸索。

本书针对每种类型的语言分别给出了 10 种具体方法。读后你可以掌握与孩子沟通的多种方法，切记要婉转地表达。相信你一定可以找到更适合自己的孩子的高效沟通方法。

区分需要批评的失败
与无需批评的失败

在日常生活中，孩子会不断地经历各种失败。虽然都是失败，但我们也要做出区分，我们无需为了某些失败而批评孩子。那么区分的标准是什么呢？我们可以参考"孩子打碎了盘子"这个例子。

情境① 孩子在家里跑来跑去，打碎了盘子。

情境② 孩子帮妈妈洗碗，打碎了盘子。

在这两种情境中孩子都"打碎了盘子"，就结果而言并没有什么区别。那么哪种情况需要我们批评孩子呢？

此处我们需要引入这样的概念：技术性错误与原则性错误。

研究安全文化且论著颇丰的西德尼·德克尔（Sidney Dekker）博士认为，我们应该对技术性错误与原则性错误做出区分。

原则性错误指的是对于本职工作没有尽到义务。简单来说就是"因没有做该做的事而导致失败"。这种情况无论重复发生多少次其结果也不会好转,所以应该予以批评。

而技术性错误指的是虽然尽到了自己应尽的职责,结果却没有达到要求的水准。简单来说就是"做了该做的事但失败了"。如果是这种情况,随着经验的不断积累,犯错的频率及严重性都会相应地降低,因此这种错误是可以被允许的。

情境①中的错误就属于原则性错误。孩子没有做到该做的事——在家中不能四处乱跑,所以应该被批评。

情境②中的错误属于技术性错误。孩子虽然努力了,但结果还是失败了。而当孩子洗碗的能力提高后就不会再把盘子打碎,所以这种情况下家长不应该对孩子给予批评,只需要简单地提醒一句"下次注意"就可以了。

也就是说,孩子抱有积极的目的并且付出了努力,这种情况下所出现的失误我们可以包容;而孩子的目的是消极的并且没有付出努力,这种情况所犯的错误需要我们给予批评。

如果我们能以这种标准去审视孩子的行为,那么与孩子之间的沟通方式也会随之改变。

例如，对于考试，如果孩子认真学习但分数依旧不理想，那么这属于技术性错误，家长不应该批评孩子，而应该进行引导；如果孩子因为贪玩没有认真备考，造成成绩不理想，这属于原则性错误，家长就该予以批评。

此外还有其他情形，我们可以根据表格进行对比。

原则性错误（需要批评）	技术性错误（无需批评）
早上出门前没有做准备工作，结果迟到了。	早上出门前做了准备工作，但因为遗落东西而回家取，结果迟到了。
不好好吃饭，故意将食物洒着玩。	想好好吃饭，但不小心弄洒了食物。
不愿起床，睡懒觉。	设置了闹钟，但不小心又睡过去了。
购买饮料后拿着瓶子玩，结果将瓶子摔碎了。	喝完饮料想把瓶子扔进垃圾桶，可是不小心将瓶子摔碎了。
吃吃喝喝过后，厨房一片狼藉。	为了给家人做饭，把厨房弄得凌乱不堪。

表格中的两种情况，其结果在表象上是一致的，似乎这两种情况下孩子都该受到批评，但我们更应该关注的是过程。

只要孩子自身付出了相应的努力，即使结果不理想，家长也无需批评。当我们厘清了错误的标准，对孩子的教导也会随之产生极大的改变。在批评孩子之前，我们可以参考以上标准来思考。

第 2 章

表扬的方法

1
表扬

2
批评

3
提问

4
鼓励

5
反向激励

何谓表扬

Before

👦 **爸爸**：你怎么能这样脱鞋?

👦 **孩子**：啊?

👦 **爸爸**：我不是说过了吗? 脱完鞋要记得摆好!

👦 **孩子**：嗯……（哎呀，爸爸发火了! 真郁闷啊……）

每个人都会因为受到表扬而开心，获得表扬意味着自己被认可。表扬会点亮孩子心中希望的明灯。来自家长的表扬更是如此，它会使孩子备受鼓舞。

对于孩子来说，表扬就是安抚。

孩子一旦意识到自己因某种行为受到表扬，就会不断重复这一行为。

通过给予愉悦的刺激使某种行为持续下去或出现频率增加，我们称之为"正强化"。

在训练小狗时，我们通常会使用奖励的方法。例如，当我们要求小狗"到这里来"时，如果小狗照做了，我们就要用温和的语气对它说"真乖"，并且一边抚摸它一边喂零食。当小狗的行为符合我们的期待时就给予它奖励，这就是在强化小狗的行为。通过施加惩罚来约束小狗行为的做法，并非最佳选择。

或许有人会认为将小狗与孩子进行比较有些不妥，但实际上二者的习得机制是相同的，因为人类在某种程度上也是动物。

拧开水龙头可以得到水，当人产生了这样的经验后，就会在想喝水时去拧水龙头。正因为人们通过某种行为可以获得想要的结果，这些行为才会得到强化。

当某种行为使我们得到想要的结果后，人就会重复这一行为。利用这一心理可以习得好的行为和习惯。

在家庭生活中，孩子能够通过"获得表扬"这一愉悦的刺激，反复接受正强化，逐渐成长。

用惩罚教导孩子为何不可取

1
表扬

2
批评

3
提问

4
鼓励

5
反向激励

实际上许多家长在错误地使用"强化"。

他们的做法是：当孩子的行为不符合自己的期待时就严厉地批评他。前例中想要教导孩子将鞋摆放整齐的家长就采取了批评的方法。

他们希望通过惩罚来限制孩子的行为。很多家长都习惯惩罚孩子。

这可能是因为他们认为与其耐心地等待孩子转变，不如立即批评他更容易。但我们并不能因此将惩罚合理化。

斥责会影响亲子关系，也可能造成孩子对学习、上兴趣班等活动产生厌烦心理。

孩子需要大量时间去习得，才能形成某种良好的行为习惯，所以即使我们惩罚孩子，也依旧不能一蹴而就。在孩子习得好习惯之前，家长需要耐心等待，以包容的心态多给予孩子肯定；当孩子最终取得成功时，家长也要毫不吝惜地赞美。

After

（当孩子终于学会将鞋摆放整齐时。）

🙂 **爸爸：** 哇，今天把鞋摆整齐了呢，了不起！ **强化**

🙂 **孩子：** 嗯。（被表扬了，好高兴啊！）

🙂 **爸爸：** 这样再穿时就方便多了，看上去也整洁，心情也会变好呢。 **强化**

🙂 **孩子：** 嗯！（今后我要坚持这样做！）

表扬对孩子的成长会起到至关重要的作用，我们需要有这样一种意识：

所有的教导最终都要以表扬作结。

如果家长做出批评，孩子的行为有所改善，要给予表扬；

如果家长通过提问引导孩子思考，孩子付诸了行动，要给予表扬；

如果家长做出鼓励，孩子表现出努力，要给予表扬；

如果家长给予反向激励，孩子端正了态度，依旧要给予表扬。

如此看来，所有的教导最终都会与表扬相关联，让我们以此来培养孩子积极的心态吧！

【批评】

"这样可不行啊！"

（之后）"做得真不错！"

【提问】

"你认为应该怎样做？"

（之后）"果然说到做到！"

【鼓励】

"一起试试吧！"

（之后）"做到了，了不起！"

【反向激励】

"可能你还做不到吧。"

（之后）"啊？竟然做到了？太棒啦！"

表扬的要点

表扬可以发挥极强的安抚作用。那么什么样的表扬方法更有效呢？我们可以参考以下案例。

Before

孩子： 我回来了！妈妈你知道吗，我今天跳绳跳了 15 个呢！

妈妈： 是吗？

孩子： 嗯！

妈妈： ……

孩子： ……（为什么没有回应？）

家长在表扬孩子时不能流于表面。孩子的情感十分丰富，甚至心思比大人还要细腻得多，孩子能够判别家长的话语是否出于真心。

所以，在表扬时家长要注意以下 3 个要点。

表扬的要点 1

立即表扬

首先，要做到立即表扬。

如果我们在第二天才对孩子做出评价，如："昨天你收拾了自己的房间吧？真了不起！"此时孩子可能很难回想起当时的场景。

而如果我们在孩子的行为后立即表扬："收拾得真干净，真了不起！"孩子就能及时得到正向反馈。

表扬的语言也有"保质期"。行为心理学认为：在行动后的 60 秒内得到的表扬是最有效的。一旦超过 60 秒，就错失了表扬的最佳时机。所以当我们发现孩子的优点时，请立即反馈给孩子。

表扬的要点 2

多表扬

家长有时会对表扬有所顾虑："它会不会使孩子难为情?"相比于批评时所表现出的得心应手,有些家长在表扬时却表现得顾虑重重。

之所以会产生这种想法是因为我们缺乏表扬的实践。从0到1确实很困难,但从10到20再到30就会简单得多,关键在于我们要养成表扬孩子的习惯。如果家长发现值得肯定的行动,就多多表扬吧!为了避免使孩子难为情,家长可以先假装在自言自语。

"正在收拾餐具,真棒!"

"能把玩具分给其他小朋友,真不错!"

"摔倒了也没哭,还自己站起来了,真勇敢!"

像这样即使再小的事也不吝表扬,久而久之就可以养成表扬孩子的习惯。如果家长始终践行"有志者事竟成"的理念，坚持表扬孩子，那么孩子也会受到言传身教的影响而变得积极努力。

表扬的要点 3

结合身体语言

语言结合行为，可以更好地提升表扬的效果。

家长可以尝试以下做法：

- 摸头；

- 握手；

- 击掌；

- 轻拍肩膀；

- 拥抱；

- 抱起、背起孩子或是把孩子扛到肩上。

使用这些身体语言与孩子互动，可以进一步提升表扬的效果。身体接触也会给孩子带来极大的安抚。要注意的是：身体接触往往仅限于与自家孩子的互动，与其他孩子互动时应注意身体接触的分寸。

1
表扬

2
批评

3
提问

4
鼓励

5
反向激励

After

孩子：我回来了！妈妈你知道吗，我今天跳绳跳了 15 个呢！

妈妈：哇，真了不起！现在跳几下让妈妈看看。

孩子：嗯，好呀！

（让孩子当场演示。）

妈妈：真不错！你练得很好！　**多表扬**

（一边表扬，一边摸头。）

身体语言

孩子：嗯！（太开心了，我以后也要加油！）

提升表扬的水准

　　表扬可以促进孩子健康成长，它甚至可以称为家长的基本工作之一。表扬是一种营养，即使孩子可能会感到不好意思，家长也要积极反馈。而表扬的时机及切入点往往不易把握。

　　如果家长意识到自己很难做出表扬，就需要有意识地培养表扬的习惯。

　　当孩子不在身边时，我们可以利用眼前的事物练习表扬。看到桌子的纹路可以说："这纹理真漂亮！"开冰箱时可以说："温度设置得刚刚好！"看到地铁广告可以说："色彩搭配得很协调！"

　　即使孩子不在身边，我们也可以利用这些事物做练习，使自己逐渐养成表扬的习惯。如此一来，在与孩子相处时，我们就更容易发现孩子的优点，及时做出表扬。

试着练习表扬吧！

【练习表扬的语言】

- 夸餐具；

- 夸早餐；

- 夸家人；

- 夸自己的鞋；

- 夸交通工具；

- 夸邻居；

- 夸同事；

- 夸电梯；

- 夸公司；

- 夸班车上的人。

案 例

1　当孩子不理解家长的意图时

Before

爸爸：竟然能帮忙做家务了，你真了不起！

孩子：嗯？

爸爸：我是说你吃完饭以后还帮忙收盘子了。

孩子：嗯。

爸爸：真是个能干的好孩子！

孩子：嗯嗯。（其实妹妹也帮忙了，而且一直都是这
样的。）

将 "YOU（你）信息" 替换为 "I（我）信息"。

在上述例子中，家长努力地想表扬孩子，却没能传达到位。孩子不理解自己受表扬的原因，也没有产生共情，这是我们给予表扬时经常遇到的问题。

表扬不能够被孩子所理解的原因在于家长没有区分"YOU（你）信息"和"I（我）信息"。 当主语是对方时，所表达的信息被称为"YOU 信息"；当主语是我们自己时，所表达的信息被称为"I 信息"。

上例中家长表达的是 YOU 信息。"你真了不起！"这句话会因听者不同的理解而产生不同的效果。例如，如果有人夸我们"你唱歌真好听"时，我们会怎样想呢？在开心的同时，心中难免也会产生疑问"真的吗？有很多人唱得比我好吧？"但如果听到有人说"我认为你唱歌真好听"时，我们则会认为这是对方的观点，从而更容易接受。

YOU信息容易使听者产生自我怀疑，在心中反驳说："不是这样。"而I信息则更容易被人接受。

"爸爸觉得你真了不起！"孩子得到这样的评价时会思索自己的言行，但不会在心中轻易否定来自家长的评价，因为做出评价的主体是他人，孩子无法根据自己的感觉直接否定他人的观点。也就是说，I 信息很难被听者否认或反驳。

因此在表扬孩子时，使用 I 信息更容易被接受。家长可以多使用"我认为……""我觉得……"这类 I 信息来强化自己的观点，让孩子更容易接受。

After

爸爸：哇，桌子好干净！ 惊讶法

孩子：啊？

爸爸：饭后你就把碗筷拿过来了，甚至还帮忙收拾碗、擦桌子，太懂事了！ 夸张法

孩子：嗯！（无意间做的，我自己都没有注意到。）

爸爸：你帮忙收拾，让爸爸妈妈轻松很多！ 意见法

孩子：嗯！（被表扬了，我要继续努力！）

1

惊讶法

惊讶法的定义　**家长对孩子的行为表现出惊讶**

　　家长通过 I 信息来表达自己的想法时，最简单的做法就是表现出惊讶。家长可以对孩子说："你的做法令我感到十分惊讶。"虽然简单，这句话却可以向孩子传达很强烈的信号。这一方法的要点是在说完后稍做停顿，表现出惊呆了的感觉。

惊讶法的用语

- 真漂亮啊！

- 吓我一跳！

- 还有这种方法？！

- 好快！

- 你知道的真多啊！

- 这是在学校里学到的吗？！

- 真好！

- 怎么可能？！

- 你怎么做到的？！

- 啊？！

惊讶法的例子

爸爸：在玩传接球游戏时，要把双手放在胸前稳稳地接住球。

孩子：接到了！是这样吗？

爸爸：真厉害，太了不起了，你居然一次就接住了！

2 表扬的方法

夸张法

啊？没想到你竟然学了4页书的内容？这也太厉害了吧！

太好了，连妈妈都感到很惊讶！我要不要再多学一点呢？

夸张法的定义　　家长夸张地评价孩子的行为

孩子往往喜欢夸张的语言。夸张的表达会使孩子更加开心，他们也会因此动力十足。家长可以夸张地说一句"没想到你竟然可以……"来提高孩子的积极性。

夸张法的用语

- 你已经做得很好了！

- 你太厉害了！

- 太美了！

- 太帅了！

- 绝对领先！

- 你还要做到什么程度呀？！

- 太聪明了吧！

- 出类拔萃！

- 太熟练了！

夸张法的例子

孩子：我清理完浴缸了。

妈妈：我来看看，哇，锃亮锃亮的呢！这也太干净了！

孩子：……（我让妈妈都感到惊讶了呢。）

意见法

宝贝这么努力，妈妈为你感到自豪！

嗯！

妈妈真的很关心我呢！

意见法的定义　　家长向孩子表达自己的意见

　　家长坦率地向孩子表达自己的意见。这种意见既不是指示，也不是命令，而是将自己内心的想法坦率地对孩子说出来。家长可以使用"妈妈是这样想的……""爸爸认为……"等句式来表述主观的想法。

意见法的用语

- 我觉得……
- 我认为……
- 妈妈来说说自己的看法……
- 我想……
- 爸爸是这样想的……
- 我认为会不会是这样呢？
- 我认为这就是宝贝你的优点。

意见法的例子

妈妈： 多亏有你帮妈妈提购物袋，妈妈才可以轻松地搬东西，宝贝这么能干妈妈感到很开心。

孩子： 嗯！（我让妈妈开心了呢！）

1 表扬　2 批评　3 提问　4 鼓励　5 反向激励

测验成绩不佳时

Before

（测验成绩不佳时。）

妈妈：测验的试卷发下来了吧？给我看看。

孩子：嗯……

妈妈：60 分？怎么回事？分数这么低，你哥哥又考了
100 分呢。为什么你不擅长学习？真是的，你要
多向哥哥学习。

孩子：……（什么嘛！无论我怎样努力都不会变好！）

POINT

表扬孩子"努力的过程"而非"结果"。

如果家长只关注结果，那么获得表扬的永远都只是成绩好的孩子。如果我们总是以比较的眼光审视孩子，那么有些孩子可能明明一直在努力却永远得不到表扬，他们无法获得成就感，反而总会感到沮丧。由于家长总是只关注结果，孩子就会产生这样的想法："无论我怎样努力都不会得到表扬，我是个失败者。"

以比较的结果作为是否表扬孩子的标准，是不恰当的。

即使是受到表扬的孩子也会得到消极的暗示。如："你比小A厉害！""你比小A还要帅！"孩子将会认为只有在与他人比较后，自己的价值才能得以体现。久而久之孩子就会对攀比习以为常，而这并不利于孩子的成长。

就家长而言，如果不进行比较，的确很难做出表扬。此时需要我们转换思维进行表扬，不能仅关注孩子获得的"结果"，而是要关注孩子"努力的过程"。

每个孩子都在成长。我们可以将孩子过去的状态与现在的状态进行比较，从中看到其成长，表扬其取得的进步。

"昨天你还做不到，今天就做到了！"

"比前段时间更熟练了！"

"你比一年前做得好！"

像这样，着眼于孩子"努力的过程"而非"结果"，就能做到在不与他人比较的情况下表扬孩子了。

以此为标准，那些原本总是失败的孩子反而更容易受到表扬，因为他们的成长空间更大。

我们可以一边回想孩子昨日的状态，一边关注孩子今日的样子，发掘孩子的成长之处。这需要家长拥有一双发现进步的慧眼。

正如画家凡·高所说：

"不要去寻找美丽的景色，而是要在景色中寻找美丽的事物。"

如果从家长的立场出发，可以换种说法：

"不要去寻找结果，而是要着眼于孩子成长的轨迹。"

家长要找到孩子自身不断成长的地方，通过细致的观察了解孩子已经掌握了什么、还未掌握什么，不要错过他们细微的进步，因为孩子的每一点变化都值得被表扬。

After

😀 **妈妈：** 测验的试卷发下来了吧？给我看看！

😐 **孩子：** 嗯……

😀 **妈妈：** 让我来看看……60 分啊？

和以前相比，会写的字越来越多了呢！ 比较法

😊 **孩子：** 嗯。

😀 **妈妈：** 你以前总说最不擅长写生字，但努力学习后，对字的理解程度也加深了呢！ 赋予价值法

下次如果能把词语的用法理解到位就更好了。宝贝，我觉得你一定做得到！

😊 **孩子：** 嗯！（好，那我就努力试试！）

1
表扬

2
批评

3
提问

4
鼓励

5
反向激励

表扬的方法

比较法

真的吗？

你越来越熟练了呢！

好开心！我要更加努力！

比较法的定义　表扬孩子比以前做得更好了

　　如果只表扬结果，那么孩子可能会产生消极的想法："我明明一直都很努力，为什么你只在意结果？"所以要对孩子的努力表示认可，同时也要表扬他们的成长之处。

比较法的用语

- 技术提升很大呢!
- 你进步了!
- 你成长了!
- 水平提升了!
- 越来越好了!
- 你在不断进步!

比较法的例子

爸爸：与以前相比，你的字写得更漂亮了!

孩子：是吗?

爸爸：非常好，要保持现在这种状态!

1
表扬

2
批评

3
提问

4
鼓励

5
反向激励

表扬的方法

赋予价值法

你把衣服都翻到了正面才放进洗衣机，这样洗完确实比较好晒！

嗯。

有道理，幸好这样做了，以后也要这样做！

1
表
扬

2
批
评

3
提
问

4
鼓
励

5
反
向
激
励

赋予价值法的定义 通过为孩子的行为赋予价值来说明其优秀的理由

　　家长要表扬孩子的具体行为，并将这种行为所带来的好的结果详细地、有逻辑地解释给孩子听，让孩子理解这种行为的价值。孩子只有在理解其价值后，才会产生坚持下去的意愿。

赋予价值法的用语

● 为什么说这样做非常好呢？因为这样做可以产生……的效果。

● 这种努力会带来……的结果。

● 现在正在做的这件事，等你长大后也会受益！

赋予价值法的例子

妈妈：饭后你帮妈妈倒掉了垃圾！

　　　这样妈妈只需要洗碗就可以了，家务轻松多了。

孩子：嗯。（这样可以帮到妈妈，好有成就感！）

3 柔道比赛获胜时

Before

爸爸：听说你在柔道比赛中又赢了，宝贝越来越厉害了呢！

孩子：还行吧。

爸爸：你的运动神经发达，将来一定能参加奥运会！

孩子：是吗……（又表扬我有运动天赋，为什么每次表扬都一样？）

POINT

表扬孩子身上未被发掘的优点。

对于那些总是获得固定评价、已经给人留下固定印象的孩子来说，如果家长依旧按照惯用评价来表扬，孩子可能并不愿意接受。

例如，对于那些球技娴熟的孩子来说，即使我们表扬他"你的足球踢得真好"，孩子也不一定会开心。

孩子对自己也抱有一种固定的自我认知，如善于表达、精于算术等。

因此当孩子听到与自己已经抱有的自我认知相同的评价时，只会认为这是理所当然的，不会印象深刻。

家长不妨发掘新鲜的角度去表扬孩子。

例如，对于擅长足球的孩子，我们可以先试着发掘他除了足球以外的新优点，再将新优点与擅长足球这一旧优点结合起来进行表扬。

"你的阅读量增加了！这些知识储备可能会对你在球场

上思考作战方案有所帮助！"

"你的算术题做得真快！一定是将球场上锻炼出的快速判断能力运用到了学习上吧？"

"你在帮我做事时真的很细心！一定是将球场上学到的兼顾全场的意识应用到了日常生活中，所以连这种细节都想到了，真了不起！"

像这样，让我们试着找出孩子身上的新优点，再将其与旧优点关联起来，使孩子感受到表扬的新鲜感。出乎意料的表扬会使孩子印象深刻，给孩子带来强烈的冲击，他们会意识到"我居然还有这个优点呢！"

请家长们带着如下问题来观察孩子吧。

"孩子还有什么其他的优点呢？"

"孩子有没有应用原本的优点努力做其他事情呢？"

让我们以发现孩子新的一面为目标寻找他们的优点，向孩子传达新鲜的、他们未曾受到过的表扬吧！

After

爸爸：昨天你被住在附近的 A 先生表扬了呢。

他说"某某小朋友真厉害啊！" **传闻法**

你来猜一猜 A 先生是怎么表扬你的？ **点明法**

孩子：是说我柔道比赛赢了吗？

爸爸：赢了比赛当然很了不起，但 A 先生夸了你可以主动打招呼这点。你会说"早上好""再见"之类的，看来你将柔道课上学到的礼仪运用到日常生活中了！不仅运动出色，还很讲礼貌，真是太了不起了！

孩子：嗯。（这样啊，我还有这样的优点呢！）

传闻法

邻居说你过人行横道时向让路的汽车表示了感谢。

是啊。

妈妈认可了我的做法！

传闻法的定义 　将他人的表扬告诉孩子

　　如果孩子通过家长的转述得知了他人的表扬，那么表扬的效果就会增强。我们要尽量将各种各样的表扬都转达给孩子，即使转述时说得夸张一些也没关系。

传闻法的用语

- 邻居表扬你了！
- 大家都在夸你！
- 培训班的老师对你赞不绝口！
- 社区里的叔叔阿姨夸奖你了！
- 我听说你最近一直在做……
- 我听说了，你……

传闻法的例子

妈妈：我今天在学校的座谈会上听说了，你在科学课上做实验时表现得非常好！

孩子：我能很熟练地把液体混合到一起。

妈妈：老师说你"动手能力很强，令人惊讶"，不错呀！

孩子：哈哈！（好，我会更加努力。）

7 表扬的方法

点 明 法

1 表扬

2 批评

3 提问

4 鼓励

5 反问激励

哥哥吃饭有个优点，你知道是什么吗？

不浪费食物。

点明法的定义　引导孩子意识到自己的优秀之处

像做人物访谈一样引导孩子意识到自己的优点。还可以询问孩子究竟有何诀窍，强化记忆，以便孩子将这种行为坚持下去。

点明法的用语

- 哥哥做了一件很了不起的事情，你知道是什么吗？
- 你做得非常好，有没有什么诀窍？
- 我们要向小 A 学习什么呢？
- 小 A，请分享一下你的经验！

点明法的例子

🧑 **爸爸**：你究竟是如何做到字迹如此工整的呢？

🧒 **孩子 A**：写慢一点，字就会工整。

🧒 **孩子 B**：原来如此。

1
表扬

2
批评

3
提问

4
鼓励

5
反向激励

案例
4　当孩子没有将拖鞋摆放整齐时

Before

妈妈：等一下，你要把拖鞋摆放整齐。

孩子：我待会儿再整理。

妈妈：不要拖延，现在就做！

孩子：真烦人，随便摆一下不就好了吗？

妈妈：你这是什么态度！

当孩子表现优秀时，家长可以向孩子表达感谢。

在上述例子中，家长希望用批评来纠正孩子的行为，而这并不值得借鉴。当孩子的行为不尽如人意时我们可以适当地无视，当孩子表现优秀时则要立即表扬。

感谢之心如同太阳

有这样一个关于"北风和太阳"的故事：

北风和太阳打赌，看谁能先让行人脱下外衣。

北风使劲地吹，行人反而将衣服裹得越来越紧。而当阳光温暖地照在行人身上时，行人自然而然就脱掉了外衣。

感谢的语言如同太阳一般，可以温暖孩子的心，使之动容。

例如，在餐厅的卫生间里，我们可能都看到过类似的标语："谢谢您一直以来配合我们保持卫生间的清洁"。我们

65

很少会看到诸如"请千万别弄脏卫生间"之类的警告式的标语。正因为人们先获得了感谢，才会有意识地按照标语内容去做。

表达感谢意味着"我很赞赏你的行为"，而这种表达也属于前文中所说的"I 信息"。

感谢在表扬的语言中往往是最容易传达、也最受欢迎的。即使是不起眼的小事，我们也可以对孩子表达感谢，让孩子感受到价值感与成就感。

After

妈妈：今天你把卫生间的拖鞋摆放得很整齐。

这样摆放整齐后就更方便其他人使用了，谢谢你！

感谢法

孩子：嗯嗯。

妈妈：宝贝，你真是个做事认真的天才。

令孩子开心的比喻法

妈妈还小的时候，可是个做事马虎的孩子。

所以，妈妈浪佩服像你这样心思细腻的孩子。

佩服法

孩子：嗯。（得到表扬了，我争取以后把拖鞋都摆好！）

1
表扬

2
批评

3
提问

4
鼓励

5
反问激励

8 表扬的方法

感谢法

谢谢你帮忙。

嗯。

爸爸感谢我了，好有成就感！

感谢法的定义　明确地向孩子表达感谢

将自己的感谢之情传递给孩子，借各种各样的机会多向孩子表达感谢。能够感受到来自父母的感谢，孩子会非常开心。

感谢法的用语

- 真令我欣慰！
- 多亏了你，宝贝！
- 非常感谢宝贝！
- 真的要向宝贝说声谢谢呢！

感谢法的例子

爸爸：你能把报纸拿进来，真是帮了爸爸的大忙，谢谢！

孩子：嗯嗯。

爸爸：以后也拜托你了。

9

表扬的方法

令孩子开心的比喻法

1 表扬

2 批评

3 提问

4 鼓励

5 反向激励

令孩子开心的比喻法的定义 　**用比喻来表扬孩子**

　　用比喻来表扬孩子。语气可以略为夸张，最好能做到浅显易懂、风趣幽默。试着找出孩子特有的优点，说出让孩子开心的比喻吧。

令孩子开心的比喻法的用语

- 你真是社长！

- 你真是专家！

- 你真是金牌选手！

- 你真是冠军！

- 你真是匠人！

- 你真是大师！

- 你真是天才！

令孩子开心的比喻法的例子

👦 **爸爸**：9 乘 2 得多少?

👦 **孩子**：18 !

👦 **爸爸**：回答得这么快，你已经是九九乘法表专家了！

71

10

表扬的方法

佩 服 法

1
表扬

2
批评

3
提问

4
鼓励

5
反向激励

妈妈小时候可做不了这个动作。

妈妈都佩服我了，好开心！

佩服法的定义   对孩子表示敬佩之意

让孩子感受到家长对其行为很佩服。可以在语气上表现出崇拜，可以将孩子的表现与家长自己童年时的状态做比较，表扬孩子的努力程度。

佩服法的用语

- 能够做到这种程度，我还是第一次见呢！
- 你的实力已经达到全班第一了吧！
- 啊，真是太棒啦！（崇拜地看着孩子。）
- 这种程度你都能做得到？！
- 你真是一个努力的天才啊！
- 一个小学生居然能做到这样，不简单啊！

佩服法的例子

妈妈：今天测验的卷子，你用红笔认真地重做了一遍。妈妈小时候很少能改得这么认真，所以我太佩服你了。

孩子：嗯嗯。（重做一遍很有意义！）

专　栏　　　　**耐心等待，用心倾听**

　　一位儿童心理咨询专家观察到，因为孩子的教养问题前来咨询的家长往往有一个共同的倾向：当咨询师向孩子提问后，没等孩子做出回应，家长就会抢先作答。在他们看来，只有自己才最了解孩子究竟在想些什么。家长的这种自负恰恰成了孩子心理问题的诱因。对于咨询师提出的每一个问题，孩子总是会一边顾及家长一边做出回答，对于家长的补充则会点头认同。当咨询师要求家长离场，与孩子进行一对一谈话时，孩子才会逐渐敞开心扉，说出自己的真实想法。

　　孩子最大的烦恼往往在于自己的想法没有得到家长的尊重以及被家长强迫，这对家长来说或许有些难以置信。有些家长喜欢担当孩子的代言人，而其实孩子并不需要这样的代言人。孩子真正需要的是耐心倾听的家长。家长代替孩子表达就相当于剥夺了孩子的自主性，这样的家长可谓"笨家长"。

家长之所以倾向于代替孩子做事，是因为他们往往抱有这样的想法：孩子还不懂事、孩子自己可能还无法做到、我很担心孩子出差错。他们可能会随时陪伴孩子左右、在孩子自己开口前就满足孩子的需求……这样的举动看似温柔体贴，实则展现出了一种控制欲。家长的过度保护久而久之会使孩子产生过度依赖，失去积极性与进取心。

　　教育的最终目的是让孩子拥有属于自己的幸福人生。既然如此，让我们耐心等待孩子开口、用心倾听孩子的心声吧。

第 3 章

批评的方法

1
表扬

2
批评

3
提问

4
鼓励

5
反向激励

何谓批评

　　当下越来越多的家长选择不去批评孩子，而是与孩子像朋友一般相处，也有"父子如兄弟""母女如姐妹"的说法。社交网络上有人发出感叹：我不知如何批评孩子。

　　为什么家长对于批评孩子这件事会有所顾虑呢？也许因为家长预想到了批评孩子所存在的风险。

批评的风险

首先，家长之所以不愿批评孩子可能是由于他们预想到自己的批评并不会被孩子接受。有些孩子在受到批评时会反驳说："可是哥哥也这样啊！""其他小朋友也这样啊！"一旦遇到类似的情形，家长就需要花费大量的时间精力去解释。

其次，家长并不想引起孩子的厌烦。家长并不希望自己努力建立起来的良好亲子关系因批评而出现裂痕。

再次，家长不愿批评孩子可能是由于他们原本就不擅长批评。此类家长可能在自己的成长过程中就没有受到过严厉的批评，因而对批评没有概念，也不理解"怎样的批评才是恰当的批评"。

除此之外，还有一个更重要的原因，即当下流行的教育理念是只有表扬才能促使孩子成长。因此家长对表扬极力推崇，对批评则极力回避。

第3章　批评的方法

　　诚然，表扬教育非常重要，本书的第 2 章也阐述了表扬的方法。如果仅阅读第 2 章，家长可能会陷入"表扬是完美的，而批评则毫无可取之处"的误区。本书的立场是批评与表扬同等重要。

恰当使用油门和刹车

如果将教育孩子比喻为驾驶车辆，表扬就相当于踩油门，告诉孩子"你做得对"，就是在鼓励其继续前进；而批评则相当于踩刹车，告诉孩子"你做得不对"，就是在阻止其继续前行。只有表扬与批评同时发挥作用，才能使孩子走在健康成长的道路上。

完全不批评孩子，是消极的教育方法，会导致孩子的是非观念不明确，甚至降低孩子的共情能力。其结果是孩子出现反社会行为的可能性增加。尤其当父亲采取消极、被动的教育方法时，孩子的精神会受到明显的负面影响。

批评教育不可或缺。而是否所有的批评都能起到积极的作用，则需要进一步分类讨论。

批评像刹车，我们可以根据孩子的变化来判断批评是否奏效。如果孩子的错误行为减少，那么我们就实现了有效批评；而如果孩子没有丝毫改变，那批评就是无效的。

"你究竟要我说多少次才明白？"这是典型的无效批评。家长一味地将精力倾注在与孩子的无效沟通上，而孩子却未受到丝毫触动。无法起到教育作用的批评仅仅是单纯的责骂而已，它会给孩子的心灵留下创伤，甚至还会发展为虐待。

孩子的成长受到家长言传身教的影响。当孩子看到易怒、总是诉诸暴力的家长时，会潜移默化地习得这种问题处理方式。孩子将来可能也会学着家长的模样，以不恰当的、具有攻击性的方式去解决问题。

为了避免对孩子产生消极的影响，家长需要掌握恰当的批评方法。本章为大家介绍一些可以改变孩子行为的、有效的批评方法。

批评的要点

如果批评使用不当，可能会对孩子的心灵造成创伤，也会影响亲子之间的信任关系。与表扬相比，家长需要更加审慎地使用批评。怎样的批评才能称之为有效的批评呢？我们先来看看下文的例子。

Before

妈妈：小 A，房间收拾好了吗？

孩子：还没有……

妈妈：怎么又在打游戏？刚才我不是让你收拾房间了吗？

孩子：可是收拾很麻烦，而且房间又不是特别脏……而且我的朋友也没有总是收拾啊！

妈妈：你这是什么话！房间里堆了这么一大堆东西，不收拾怎么行？赶快收拾好！

孩子：好，知道了……（真烦人！）

批评的要点 1

批评的时机："立即批评"还是"稍后批评"

我们先来探讨一下批评的时机。当发现孩子的不当行为时，家长需要立即批评还是稍后再提醒呢？

这需要我们分情况讨论。当孩子的错误行为有可能伤害到自己或他人的身心时，家长需要立即批评制止。

除此以外的情况，可以不必立即批评孩子。家长可以在慢慢观察孩子的动向后再提出批评。

当我们意识到需要通过批评来纠正孩子的行为时，可以先判断一下时机。

批评的要点 2

批评的对象：批评"个人"还是"所有孩子"

家长往往更容易直接批评表现最差的孩子。如果我们仅对一个孩子做出批评，可能会激起孩子的逆反心理，他会想："又不是只有我一个人犯错。"

从孩子的角度看，如果身边的朋友都犯了类似的错误，而只有自己一个人受到了批评，这并不公平。

所以即使孩子们犯错的程度有所不同，家长也要逐一批评纠正，让孩子感到家长可以做到一视同仁，而非仅仅批评表现最差的孩子。

批评的要点 3

批评的程度

当孩子的行为可能伤及自身或他人时，家长可以进行严厉的批评。如：孩子要冲到马路上时、孩子对小伙伴做出危险行为时。在诸如此类的危急关头，出于对孩子的爱护，家长表现得激动一些也是人之常情。

但除紧急情况外，在批评孩子时我们尽量不要表现得过于严厉。

批评的程度有所不同，家长需要根据孩子的行为来调节批评的程度。

如果只是无伤大雅的调皮行为，家长只需温和地批评；如果孩子犯了是非性的错误，则需要家长稍加严厉地批评；如果孩子的错误已经触碰了底线，就需要家长表现得十分严厉。

像这样，家长可以根据孩子错误的严重程度来调整批评的严厉程度。

After

妈妈：小A、小B，你们俩都坐下。　①稍后批评　②批评"所有孩子"

我告诉过你们今天要整理房间，现在进行得怎么样了？

孩子：（完全忘记了！）啊，还没有什么进展……

妈妈：我想你们应该很清楚。这明明是我们约定好的，你们却没能遵守约定。你们是怎么想的？

③区分严厉程度

孩子：这样是不对的。

妈妈：我理解你们一开始玩游戏就很难停下来，但房间一直乱糟糟的不好吧？在乱糟糟的房间里学习也很难集中精力，不是吗？所以你们决定要收拾房间了吗？

孩子：我们现在就收拾。

妈妈：那好好收拾吧！

87

提升批评的水准

越来越多的家长意识到自己其实并不擅长批评孩子，毕竟批评这一教育方法原本就有其特殊性。如果家长本人处在较为多元的社会关系中，需要处理上下级关系或前后辈关系，那么他们或许已经积累了一定的批评经验。但缺乏批评经验的家长可能会表示自己"从未批评过他人"或"从未被批评过"，因此需要严厉批评孩子时，他们会表现得很犹豫。

那么我们先来评估一下你的性格与批评他人之间的关系。

交流分析理论主张每个人有 3 种自我形式：父母型（P）、成人型（A）、儿童型（C）。本书将 3 种形式进一步细分为 5 种性格类型。

①父性（严厉）；

②母性（温和）；

③成人性（睿智）；

④顺从的儿童性（乖巧）；

⑤自由的儿童性（活泼）。

让我们假设这样一个情境：你看到孩子在家长的笔记本上涂鸦，此时你会做出怎样的反应呢？不同的反应体现了每个人最突出的那部分性格，来选择一下吧。

"真是的！我的笔记本很重要，你怎么可以在上面乱涂乱画呢？！"

　　→①父性（严厉）

"都会涂鸦了，看来你真是成长了呢！"

　　→②母性（温和）

"你画的是什么图案，动物吗？"

　　→③成人性（睿智）

"在笔记本上涂鸦当然不好，但如果批评孩子可能会使他情绪激动，事情会因此变得棘手，还是算了吧……"

　　→④顺从的儿童性（乖巧）

　　"哇，孩子在涂鸦呢。我小时候也经常这样做，好久没涂鸦了，我也想试试看。"

　　→⑤自由的儿童性（活泼）

　　你属于哪种类型呢？

　　我们下意识做出的反应，代表了自己性格中占主导地位的类型。你的脑海中是否出现了相应的典型反应呢？

　　这5种性格类型相互融合、相互平衡，就形成了我们的性格。 其中，父性不突出的人，更加不擅长批评他人。他们对于他人及自己都没有严苛的要求，也很难批评孩子。如果你属于这一类型，就需要有意识地通过练习来提升自己的父性。

　　首先可以从改变外在开始，在批评孩子时刻意地将手叉在腰间，挺起胸膛，压低声音。

　　还可以做如下练习。

【提升父性的练习方法】

- 评论新闻事件；

- 用批判性思维重新审视自己，思考自己是否应该
  满足于现状；

- 思考如果遇到自己尊敬的人，应该如何批评对方；

- 在时间和金钱上，对自己做出更加严格的要求；

- 设定自己的底线。

此外，你可以尝试在措辞上多使用以下句型。

"你应该……"

"你必须……"

"我的意见是……"

"既然已经决定了，就要坚持到底！"

"这样就足够好了吗？"

如果你认为父性在自己的性格中原本就占比较高，那么就无须进行以上练习了。如果家长表现得过于严厉，孩子就

会变得畏畏缩缩，这反而不利于孩子自由舒展地成长，因此要保持父性在性格中占比适中。此外，如果你想详细了解每种类型的性格，可以搜索"自我状态量表（egogram）"。

5 当孩子哭闹撒娇时

Before

（在购物中心里。）

妈妈：我们回家吧！

孩子：我想要那个玩具！

妈妈：走吧！

孩子：我要玩具！我要玩具！哇……

妈妈：真是的，别哭了！

（孩子的反应更加激烈。）

孩子：哇……哇……

妈妈：（真为难，很多人都在看。）宝贝，好了好了给你买，别哭了！

孩子：嗯……（太好了，原来只要大哭妈妈就会接受我的要求，以后还要这样做。）

对孩子的不当行为可以不予理睬。

POINT

孩子有时希望通过极端行为来迫使家长满足自己的需求。

在上述例子中，孩子通过哭闹撒娇最终得到了想要的玩具。

如果家长在孩子表现出极端行为后满足其要求，那么孩子就会得出结论：只要哭闹撒娇就可以得到想要的东西。这是一种错误的"强化"。

如果家长一直采取这样的应对方式，那么在亲子关系中孩子就会掌握主导权，家长会被孩子的任性行为所操控。

如何才能避免这种情况的发生呢？

对孩子的无理取闹采取"教育性无视"

对于孩子的无理取闹，无视才是正确的做法。

遇到上述情境，我们可以将孩子带到人少的地方，采取不看、不听、不理的处理方式。当感受到自己被无视时，孩子的哭闹可能会突然升级，他会想："好奇怪啊，是我哭得还不够凶吗？"进而更加大声地哭喊。

即便如此，家长也不能轻易妥协。因为家长一旦在孩子哭闹升级时妥协，孩子就会认为："原来只要我哭闹得再厉害一些，爸爸妈妈就会答应我的要求了！"

使孩子的情绪恢复平静可能会花费很长时间，有些哭闹甚至会持续一个小时。但如果家长坚持采取无视的应对方式，孩子无理取闹的行为最终都会停止。

当孩子平复情绪后，家长可以安慰他说："等你过生日时我再给你买。"接着可以若无其事地继续购物。

要注意的是，当孩子停止哭闹时，家长无需表扬孩子："你不哭了，真乖！"因为一旦孩子发现从极端状态恢复到平静状态，自己就可以得到表扬，那么他很有可能会去重复这一过程。所以家长最好只对孩子做出简单的反馈，可以回应一句："哦，你不哭了？"

通过这一过程，孩子就会理解，无理取闹的方式并不能使自己的要求得到满足。

　　如果家长自始至终能够坚持采取"教育性无视"的态度，孩子的行为将会改善。迎来最终的改变需要经历某些过程，也需要家长具有一定的演技，将坚定的态度贯彻到底。

After

（在购物中心里。）

妈妈：我们回家吧！

孩子：我想要那个玩具！

妈妈：走吧！

孩子：我要玩具！我要玩具！哇……

妈妈：妈妈不会因为你哭闹就买给你。 `直接否定法`

孩子：哇……哇……

妈妈：…… `无视法`

孩子：哇……哇……哇……

妈妈：……（将孩子带到一个不会打扰到别人的角落。）

（5分钟后。）

孩子：……

妈妈：不哭了吧，妈妈知道你想要玩具，等你过生日时再给你买。好了，我们买东西去吧。

孩子：嗯……（看来即使哭闹也不会得到好处，以后不这样了。）

案例

6　在浴池里玩耍时

Before

（在澡堂里。）

孩子：哇！（啪啪地拍水。）浴池真好玩啊，还能游泳！

爸爸：快停下来，喂！

孩子：我要把脸盆叠起来玩！

爸爸：不能这样，其他人还要用呢。

孩子：哇……

爸爸：……（完全不听话，随他去吧。）

撤回对孩子的奖励。

在上述例子中，尽管家长试图阻止孩子，但最终还是放任了孩子的行为，这种处理是失败的。因为这会强化孩子的想法：不用在意家长的话。此时，需要家长做出应对。

何谓"撤回奖励"

当孩子犯错时，家长往往首先想到要惩罚孩子，如对孩子怒吼。但惩罚会带来种种弊端：可能会激起孩子的逆反心理，可能会使亲子关系出现裂痕，也可能会使孩子对某项活动（本例中是去澡堂洗澡）产生厌恶心理。

惩罚的效果虽然立竿见影，但这种约束只能维持一时，随着时间的流逝，孩子可能再次犯同样的错误。

此时，家长最好可以采取"撤回奖励"的方式。相比于惩罚，撤回奖励不会使孩子感到太过痛苦或不愉快，它只是将那些可以使孩子感到愉快的项目取消了。

当成人做出不当行为时，也会被"撤回奖励"。如果违反交通规则，成人会被罚款，却绝不会被鞭打，这剥夺了他们拥有金钱的快乐；如果犯了更严重的错误，成人就要被关进监狱，这相当于剥夺了他们拥有自由的快乐。

那么，对于孩子来说，家庭生活中的奖励有哪些呢？

家长可以有意识地设立一些奖励，如发贴纸。如果孩子表现不佳，就提醒他："如果你持续这种态度的话，就没有贴纸了"，然后视情况取消贴纸奖励。

活动也属于一种奖励。上述例子中的去澡堂洗澡可以算作一种愉快的活动。而当孩子不能遵守规范，离开澡堂就相当于撤回奖励。**当个体表现出某种不良行为时，暂时取消对他的正强化，以减少其不良行为的做法，被称为"暂停法"。**被撤回奖励的孩子会反省自己的行为，当孩子认真反省后，家长可以允许其恢复活动。

再如，孩子在游乐场不能遵守行为规范，作为惩罚，家长可以先将他带到僻静的角落，让孩子安静地坐 3 分钟。

总之，这些做法的目的是"暂时抽离使孩子感到快乐的东西"。而除此之外，家长无须给孩子施加不必要的痛苦。

区分不同活动对孩子的吸引力

如果某些活动本就会使孩子感到不愉快，那么取消这些活动反而变为了对孩子的奖励。所以，家长要注意区分不同活动对孩子的吸引力。

例如，对于不喜欢打篮球的孩子来说，如果因为犯错而不能下楼打篮球了，那么孩子会误以为只要自己行为不当，就可以逃避自己不喜欢的活动，这种处理反而会适得其反。

After

（在澡堂里。）

孩子：哇！（啪啪地拍水。）浴池真好玩啊，还能游泳！

爸爸：……　无视法

孩子：我要把脸盆叠起来玩！

爸爸：回家了，擦擦身子吧。　取消法

孩子：啊？

（回到更衣室后。）

爸爸：浴池里有很多人，玩闹会影响别人。我知道你很开心，不过想玩的话就要到浴池外面，你能做到吗？

孩子：我想在浴池里面玩。

爸爸：不行。 **直接否定法** 只能在外面玩。

孩子：那我不玩了，我想回到浴池里。

爸爸：你能做到守规矩吗？

孩子：嗯。

爸爸：那我们就再进去一次。

批评的方法

无视法

……

便便扑通扑通！

根本不关注我，看来不能讲粗鲁的话。

无视法的定义　无视孩子的无理取闹

孩子有时希望以不恰当的行为引起家长的关注，以此来获得安抚。为了杜绝这种情况，家长应切断与孩子的交流，贯彻不予理睬的态度。

无视法的用语

- 这样啊。
- 我不想看。
- 跟我没关系。
- 什么呀。
- 不想听。
- 哦。（瞥一眼。）

无视法的例子

（孩子在玩涂鸦，上面写着"妈妈是猪"。）

孩子：哎呀妈妈，你快看这个啊！

妈妈：……

孩子：……（啊，看来不能随便这样说了。）

批评的方法

取消法

超过规定时间了!

我们说好的,手机我先帮你保管,3天以后再还给你。

啊?!

糟糕!

1
表扬

2
批评

3
提问

4
鼓励

5
反向激励

取消法的定义　　取消孩子喜爱的活动

　　家长可以没收孩子喜爱的物品、取消孩子喜欢的活动，也可以改变孩子所处的环境。

　　取消本身就会给孩子带来不愉快的感受，所以家长无须在此基础上再进行严厉的批评了。如果孩子能够充分地反省，家长可以重新恢复活动。

取消法的用语

- 时间到了！（强制取消游戏活动。）
- 我要收走了。（强行收走漫画。）
- 结束了。（收起零食。）
- 你可以不用再做了。
- 到此为止吧。
- 活动中止。

取消法的例子

👩 **妈妈：** 睡觉时间到了，快结束吧。（强制关闭电视机。）

🧒 **孩子：** 啊？！哦……

3 直接否定法

开吃啦!

不对,再重复一次!

哎呀,看来刚刚手肘撑在桌子上太不礼貌了。

直接否定法的定义　　**面无表情地否定孩子的错误言行**

　　家长面无表情地、迅速地对孩子的错误言行予以否定，无须说明理由。这一方法的关键在于家长要在尽可能短的时间内迅速给予孩子反馈。通过简单直接的否定促使孩子思考"为什么不能这样做"。

直接否定法的用语

- 重来！
- 这样就行了吗？
- 做得不好！
- 不行！
- 还差一点儿。
- 你太不认真了。

直接否定法的例子

　　爸爸：游戏时间到了，结束吧。

孩子：再玩一会儿就存档。

爸爸：不可以，已经到约定的时间了。

孩子：好的……（爸爸要生气了。）

案例

7　当孩子出言不逊时

Before

孩子：好傻啊，去死吧。

妈妈：不要这样讲话。

孩子：无所谓吧，我只是开玩笑而已。

妈妈：又这样说，你考虑过对方的感受吗？

孩子：烦死了，唠唠叨叨，真无聊。

妈妈：你这孩子怎么能这样讲话呢？适可而止！你总

是……

孩子：……（真烦人！我想去看动画片。）

要态度坚定地做出批评。

逐步升级严厉程度的做法并不可取

当孩子的错误行为有可能伤害到自己或他人时，家长需要态度坚定地立即批评制止。家长不仅要措词严肃，还要通过表情与态度等外在表现让孩子意识到问题的严重性。

此时，家长尤其需要注意把握好严厉的程度。在上述例子中，家长起初态度温和，而后逐渐变得严厉，这种方法并不可取。如果家长的严厉程度逐步升级，孩子在这一过程中会逐渐产生耐受性，即逐渐习惯家长愤怒的口吻。如此一来，最终就会导致家长只有以超出必要的严厉程度来训斥孩子，才能制止其行为。这甚至会导致家长的批评陷入一种恶性循环，给双方的心理造成更大的负担。

当家长决定批评孩子时，最好一开始就把握好相应的严厉程度，可以先表现出最高的严厉程度，再逐渐缓和下来，这样进行批评会更有效。

所以批评的关键是当家长觉察到孩子的问题时，要先表现出恰当的严肃态度。

说明理由与跟进后续同样很重要

严厉的批评可能会激起孩子的逆反心理，也可能会使孩子产生"妈妈讨厌我"的误解。为避免消极的结果，家长需要及时向孩子说明批评的理由。

此外，在批评孩子后家长还要密切关注孩子后续的表现。如果觉察到孩子在闹情绪，可以向孩子传达："你懂得妈妈的心意吗？我是因为在乎你才纠正你的。"

After

🧒 **孩子**：好傻啊，去死吧。

👩 **妈妈**：你刚刚说什么了？再说一遍！ **怒斥法**

🧒 **孩子**：啊？（吓住了。）

👩 **妈妈**：人去世了就再也不可能回到人世了，你真正理解自己所说的话的意义吗？ **明理法**

孩子：不不不，我没有那个意思……

妈妈：即使是开玩笑也不要再这样说了，你对朋友这样

说了是不是？

孩子：是的，对不起。（理解了，我说了不该说的话，

以后要注意了。）

4

批评的方法

怒斥法

啊，这样啊！

不能在那里玩！

怒斥法的定义　　表现出愤怒，严肃地批评

当孩子做出可能会伤害自己或他人身心的危险行为时，家长要表现出愤怒，态度严肃地给予批评。向孩子说明其行为的错误之处，让孩子意识到问题的严重性。无须做出长篇大论，简明扼要地表达即可。

怒斥法的用语

- 不行！

- 你在干什么！

- 这是什么意思？

- 给我解释清楚。

- 听错了吧？

- 你认为这样做好吗？

- 你在想什么呢？！

- 快停下来！

怒斥法的例子

1
表
扬

2
批
评

3
提
问

4
鼓
励

5
反
向
激
励

👦 **孩子：** 他也太差了吧，连这都做不到。

👦 **爸爸：** 如果别人也这样说你，你会开心吗？

👦 **孩子：** ……（的确，我会伤心的。）

5

明理法

因为被霸凌，你的小伙伴可能会背负一辈子的伤痛。有些人即使长大了，也会因为童年被霸凌的经历而痛苦不已。虽然你还是个孩子，但也绝对不能去霸凌别人。

嗯……

是我做错了。

1
表扬

2
批评

3
提问

4
鼓励

5
反向激励

明理法的定义　向孩子说明批评的理由

以讲道理的方式向孩子说明批评他的理由。对于毫无缘由的批评，孩子通常会抱有逆反心理，所以家长要在批评的同时向孩子说明理由，如"我之所以批评你，是因为……""这样做是错的，因为……"。

明理法的用语

- 我生气的原因是……

- 我是为了……才这样做的。

- 之所以不能这样做，是因为……

- 如果不这样做的话就会……

- 你知道我为什么要批评你吗？好好想想。

明理法的例子

妈妈： 在水边玩耍，可能会掉进水里。你和朋友都可能会失去宝贵的生命，有人会为你们而伤心的，所以绝对不能在水边玩。

孩子： 对不起……

8 当孩子找借口不完成作业时

Before

爸爸：作业做了吗？

孩子：我忘记带作业回来了。

爸爸：昨天你也是这样说的。

孩子：嗯……明天我会注意的。

爸爸：真是的，别再忘啦！

孩子：嗯……（太好了！今天又蒙混过关了，明天也要

糊弄过去。）

POINT

让孩子感到"自己有损失"。

1 表扬

2 批评

3 提问

4 鼓励

5 反向激励

在上述例子中，孩子之所以总是找借口说忘记带作业回家，主要是因为他们认为自己可以由此得到"不写作业"这一好处。当然，解决作业问题最好的方法是让孩子自主地对作业产生兴趣，这就牵扯到作业的必要性问题，我们在此先不做讨论。我们先来讨论如何通过改变孩子的行为来解决作业问题。

在应用行为分析中，有一种被称为"过度行为矫正"的方法。这种方法需要家长通过关注孩子的行为并进行分析，从而进一步改善或解决问题。**家长需要要求孩子从混乱状态恢复到正常状态，并且还要进一步要求孩子做到比正常状态更好。**

例如，当孩子扔纸屑时，一般家长会说："把纸屑捡起来，扔到垃圾桶里去。"而如果采用过度行为矫正的方法，家长则要这样说："把纸屑捡起来，扔到垃圾桶里去，然后把地面都清扫一遍。"

像这样，家长通过追加额外的要求去纠正孩子的不良行为，促使孩子反省。

采取过度行为矫正这一方法需要注意以下几点：

①家长要求孩子所做的纠正行为与孩子的不当行为之间必须具有直接关联性。家长不能单纯地惩罚孩子做某事。单纯的惩罚可能会激发孩子的逆反心理，继续催生不当行为。

②让孩子体会到自己需要做出怎样的努力，才能将不当行为所导致的后果修复。

③这一方法要在孩子做出不当行为后立即实施。

④迅速地引导孩子做出纠正行为，使其不当行为不再进一步发展。

⑤家长引导的程度要根据孩子的自主性适时调整。

在上述例子中，家长需要让孩子意识到自己不做作业究竟会产生怎样的损失，以此来改善其行为。

After

1
表扬

2
批评

3
提问

4
鼓励

5
反向激励

🙂 **爸爸**：作业做了吗？

🙂 **孩子**：我忘记带作业回来了。

🙂 **爸爸**：昨天你也是这样说的。

🙂 **孩子**：嗯……明天我会注意的。

🙂 **爸爸**：不能总是丢三落四，我和你一起去学校把作业取回来吧。 过度矫正法

🙂 **孩子**：啊？

🙂 **爸爸**：好不容易去一趟学校，我想再和你的班主任聊一聊，看看怎么才能让你改掉丢三落四的问题。

警告法

🙂 **孩子**：嗯……（糟糕，问题变得复杂了，我不该说谎的。）

过度矫正法

> 边吃边玩，把汤洒了吧！快收拾干净，顺便把地面全擦一遍。

> 好的。

> 看来不能边吃边玩。

过度矫正法的定义　　**不仅纠正错误行为，还要求孩子做到更好**

当孩子做出错误行为时，我们不仅要让孩子恢复原状，还要让孩子做到比之前更好的状态。可以要求孩子从头开始，再做一遍。家长在提出要求后，要监督孩子认真完成。

过度矫正法的用语

- 我们说好要把餐具放到洗碗池里去的，你马上拿过去，顺便把其他餐具也泡起来。

- （孩子在墙上涂鸦。）先把涂鸦擦掉，再把整面墙都擦一遍。

- （孩子把其他小朋友捉弄哭了。）你现在一个人去那个小朋友家道歉！

过度矫正法的例子

🧑 **妈妈**：字迹潦草，把这一行全部重写。

🧒 **孩子**：啊？要写那么多？（看来要认真写了。）

批评的方法

警 告 法

你不想去？好吧，那我告诉教练。

啊……等一下！

125

警告法的定义　警告孩子你会转告其他人

　　当发现孩子做事不认真时，我们可以告诉孩子会将此事告知他人。让孩子看到你真的会打电话给其他人，意识到父母言出必行。应用这种方法时，如果我们事先与电话那头的人沟通好，事情就会进行得更加顺利。

警告法的用语

- 我会告诉奶奶这件事。

- 我会告诉全家人。

- 那么我会转达给校长。

- 我会和辅导班的老师也说一说。

警告法的例子

孩子：我不想去辅导班，我还想打游戏。

爸爸：这样啊，我去告诉辅导班的老师，问问他的意见吧。

9 孩子还想继续睡懒觉时

Before

😮 **妈妈**：快点起床！

😐 **孩子**：嗯……

😮 **妈妈**：真是的，你要迟到了！快点，听话！

😐 **孩子**：我还困着呢。

😮 **妈妈**：谁让你看视频到那么晚呢，没规矩的孩子！

😐 **孩子**：……（为什么这样说我？算了，反正我也一无

是处。）

POINT

仅批评孩子的行为，而非人格。

1 表扬

2 批评

3 提问

4 鼓励

5 反向激励

　　在上述例子中，家长没有考虑到孩子的情绪，而是单方面地批评，将其定义为"没规矩的孩子"。这种单纯的负面批评可能会对孩子的心灵造成伤害，甚至影响其一生，我们要尽量避免。当我们批评孩子时，可以从 3 个方面切入：结果、行为、孩子本身。

　　例如，当孩子在测验中只考了 30 分时，你会如何批评呢？

　　①批评结果：这个分数太差了；

　　②批评行为：你没有认真学习，这样做不好；

　　③批评孩子本身：只考了 30 分，你真没用。

　　对孩子来说，最具伤害性的说法是哪一种呢？毫无疑问，是批评孩子本身。我们不能因为孩子的某些行为就否定孩子本身，而是要在认可孩子人格的基础上，对结果以及行为做出批评。家长可以这样说："你是个好孩子，但这次的结果不好……你的这种行为不好……"只有家长从心底里尊重孩子才能恰当地批评。

After

👩 **妈妈：** 还在睡懒觉呢，怎么了？

🧒 **孩子：** 嗯，没什么……

👩 **妈妈：** 你以前都能按时起床，这不太像你的作风啊！

失望法

妈妈有些担心你，是不是在学校里遇到不开心的事了？　**重视法**

🧒 **孩子：** 学校里没什么事，只是我昨晚没有写完辅导班的作业。

👩 **妈妈：** 妈妈知道你昨晚努力学习到很晚，但因此上学迟到就不好了。

🧒 **孩子：** 嗯……

👩 **妈妈：** 妈妈要去上班，你要是再不起床妈妈也会受影响。为了我能按时上班，你可以快点起床吗？

期许法

孩子：嗯……

妈妈：那明天你要怎么做？

孩子：我要努力早点起床。（妈妈为我担心了，明天我要按时起床。）

1 表扬 2 批评 3 提问 4 鼓励 5 反向激励

失望法的定义　向孩子表达对其感到失望的心情

家长向孩子表达对其感到失望的心情时，要传达出"我很信任你，但你却令我失望了"的含义。这样即使我们批评了孩子，也依旧能够向孩子传达家长的信任与关切。

失望法的用语

- 我原本认为你能够体贴他人，看来我想错了。

- 你的优点并没有体现出来。

- 你原本就是这样的孩子吗?

- 你要注意言行，发挥出自己真正的实力。

- 你这么聪明，却犯了这种错误。

- 你没有发挥出自己的优势，太可惜了。

失望法的例子

妈妈：听说你借了小伙伴的游戏机一直没还? 你做事一向很有分寸，这可不像是你的所作所为!

孩子：嗯……（我辜负了妈妈的期待。）

批评的方法

重视法

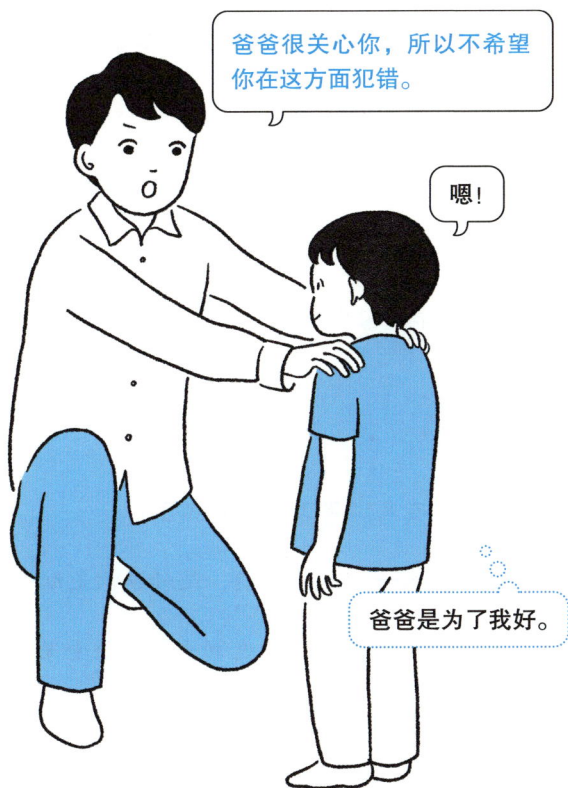

爸爸很关心你，所以不希望你在这方面犯错。

嗯！

爸爸是为了我好。

重视法的定义 **把重视孩子的心情完全表述出来**

家长要全面地、强烈地表达出自己对孩子的关切。在批评的同时，让孩子感受到家长对他的成长充满期待。

重视法的用语

- 对于做不到的人，爸爸是不会说这些话的。
- 因为你很重要，所以我才这样讲。
- 为了使你长大后不会因此而困扰，我才指正你。
- 正因为是你，我才会这样说。
- 希望这能对你的人生有所帮助。

重视法的例子

爸爸：听说你在足球课上与人打架了？

孩子：又不是我一个人的问题，是那家伙先动手的。

爸爸：我知道，教练说对方也动手了。爸爸是因为在乎你才会批评你的。

10

批评的方法

期许法

你对妹妹讲话是不是太凶了?

妈妈认为你是个善解人意的孩子,所以相信你能够对妹妹温柔一些,这是妈妈的期许。

嗯……

期许法的定义　表达出对孩子的认可并提出期许

在认可孩子的同时，告诉孩子你希望他在行动上做出怎样的改变。孩子的内心十分敏感，家长要呵护好孩子的自尊心，所以我们应当表达对孩子的期许而非命令孩子。

期许法的用语

- 正是因为相信你可以做得到，我才会这样要求你。
- 有件事只有你可以做到。
- 我有个请求，你能帮我吗？
- 正是因为相信你，我才会这样讲。
- 正因为是你，我才会有所期待。
- 能听听爸爸的期望吗？

期许法的例子

妈妈：妈妈想和你商量一件事。

孩子：嗯，什么事？

妈妈：最近你们兄弟俩上学都迟到了吧？正因为你是哥哥，我才希望你能够起到带头作用，不要迟到，你能做到吗？

如何应对孩子的反抗

"啊？你说什么呢？"

"什么啊，不可能！"

"我实在不理解你的意思。"

几乎所有青春期孩子的家长都感受过孩子的叛逆。如果孩子到了 10 岁左右没有表现出叛逆反而会令家长担心。虽然身为家长，但我们也是普通人，因孩子出言不逊而生气实属正常。让我们来共同探讨一下该如何应对孩子的叛逆。

面对孩子的叛逆行为，如果家长严厉地斥责，可能会产生消极的影响。

例如，当孩子不尊重家长时，家长可能会严厉地说："你怎么可以这样讲话？！"这句话的潜台词是对于身为家长的我，你这样讲话太没礼貌了。但如果在此之后，当家长看到

第3章 批评的方法

兄弟姐妹之间吵架甚至大打出手时，只采取温和的批评方式，
孩子很可能会认为："爸爸妈妈在感到自己不被尊重时才会
大发雷霆，但当自己的孩子被打时，他们却可以表现得不那
么愤怒，这说明他们最在意的只有自己。"

一旦家长对孩子的叛逆行为做出过激且严厉的回应，就
需要在所有批评场景中都采取这种激烈的回应方式，如果区
别对待就会使孩子产生困惑。因此，家长在面对孩子的叛逆
行为时，要一以贯之地表现出冷静，以能够控制好情绪的成
年人的姿态与孩子相处。

家长可以这样回应：

"你再说一遍。"
"你的这种态度我很介意。"
"你刚才的说法我很介意。"

或者也可以试着反问：

"你刚刚说什么了？"

"你为什么那样讲？"

"你有什么想不明白的地方吗？"

在面对孩子的叛逆行为时，家长要冷静地应对，倾听孩子的想法，理解孩子的意图。孩子会因自己的成长与周围环境不协调而感到焦虑，家长要理解孩子的这种心情，耐心地引导孩子，让孩子学会"以沟通获得他人理解"的处理方法。

第 4 章

提问的方法

1
表扬

2
批评

3
提问

4
鼓励

5
反向激励

何谓提问

　　我们即将迎来一个充满未知的时代。由人工智能引发的技术奇点也许会在不远的将来到来，也就是技术将会在短时间内产生超乎想象的进步。那时会出现怎样的问题我们不得而知，但有一点可以确定的是：我们必须具备随机应变的能力以处理各种问题。这需要我们用自己的头脑去思考问题，而非对他人言听计从。

　　那么如何才能培养孩子的思考能力呢？关键在于家长要善于运用"提问的语言"，也就是家长要不断地向孩子抛出问题，引导孩子思考。

　　在日常生活的各个情境中，家长都可以应用提问的语言。由提问所引出的答案是孩子自主思考的结果，而非来自家长的强行灌输。家长要营造出促使孩子自主思考的氛围，让孩子自己去发掘答案。

我们可以从微观层面来探讨孩子发掘答案这一过程的原理。下图中，细胞 A 发出信息，细胞 B 接收到了信息，我们将这种作用于邻近细胞的现象称为"旁分泌"。细胞 A 发出的信息也会反作用于自身，我们将这种现象称为"自分泌"。同理，如果 A 与 B 两个人在对话，那么 A 在对 B 讲话的同时，其实也是在对自己讲话。

"自分泌"与"旁分泌"

这可能有些难以理解，让我们来举个例子。

请试着回答以下几个问题：

"你身边有红色的物品吗？"

"你身边有圆形的物品吗？"

"你身边有用布做的物品吗？"

你有答案了吗？为了回答这些问题，你可能重新审视了自己周围的环境。在这一过程中，你对环境有了新的认识，如"那里有个红色的钟""在房间角落里有两个球""窗帘原来是双层的"。

我们看到的物品并没有发生任何改变，但为了寻找问题的答案，我们对事物有了更深的了解。同理，家长可以通过提问促使孩子细致观察、深入思考。

After

🧒 **爸爸**：将来你想做什么？

🧒 **孩子**：我平时喜欢写文章，又善于总结，所以将来想当记者。

🧒 **爸爸**：为了实现理想，在大学阶段你需要怎么做呢？

🧒 **孩子**：可能要进入文科类的院校，先扩展一下自己的知识面吧。（才意识到自己有这样的想法，对于未来的规划更加清晰了。）

在家长的引导下，孩子做出了回答。正是在寻找答案的过程中，孩子才能对自己"在想什么、想要什么、想做什么"有更加清晰的认识。

帮孩子找出已经存在于心里的答案，就是提问的作用。

在提出问题后，孩子需要花些时间去寻找答案，这一过程可能会让家长感到焦躁，但它可以促使孩子独立思考、学习新知、自己做决定。

心理学家阿德勒曾说："每个人都是描绘自己人生的画家。"开启孩子人生大门的无疑只能是孩子自己。我们需要让孩子知道，他才是自己人生的主人公。

所以，即便需要花些时间，我们也要有足够的耐心等待孩子自己找出答案。

提问的要点

教育一词的英文为 education，其词源为 educo，意为引出。教育的主要目的是将人身上原本就具有的潜能激发出来。下文中我们将探讨如何用提问来激发孩子的潜能。

Before

（孩子回到家，正在脱鞋。）

妈妈：不是告诉过你要按时回家吗？太晚了容易遇到坏人！你要我说几次才明白？

孩子：好好好。

妈妈：为什么这么晚才回来？

孩子：朋友让我再玩一会儿！

妈妈：你说自己要回家不就行了吗？不要找借口，遵守约定是连幼儿园小朋友都能做到的，让我说你什么好……

孩子：……（好烦，有完没完？）

上述例子中，即使家长近乎歇斯底里地训斥孩子，也无法使孩子有所成长，家长只是在用威胁来迫使孩子听话。而好的沟通可以促使孩子自主思考，主动改变自己的行为。家长要引导孩子主动思考这几个问题："我不能做什么事？""为什么不能做？""以后要如何做？"

以下是可以使提问发挥有效作用的 4 个要点。

提问的要点 1

创设情境

提问的作用是促使孩子思考。孩子在做脱鞋、写字、看电视之类的事情时，就很难同时仔细地思考问题。所以家长要制造出严肃郑重的氛围，可以先对孩子说："你先坐下！""你到这边来一下！""你过来一下，我有话要和你说！"然后再向孩子提问，这样会更有效。

提问的要点 2

询问原因，而非指责结果

"你怎么会这样做？"虽然是问句，但它听起来更像是在训斥、谴责。这种提问没有清晰地表达出询问的目的，让孩子难以回答，最终只会促使孩子不得不找借口。

所以，家长不要将提问的焦点放在"过去"和"问题"上，而应着眼于"将来"和"改进措施"。

例如，不要问孩子："你怎么这么晚才回来？"，而应该问："回家晚了是遇到什么事情了吗？""怎么做才能保证以后按时到家呢？"像这样，尽量采用启发式的提问。

提问的要点 3

引导孩子自己说出目标

当孩子表现出不良行为时，家长会忍不住直接提醒孩子。但如果告诫出自家长之口，往往很难传达到位。家长可以变

1 表扬

2 批评

3 提问

4 鼓励

5 反向激励

换角度，通过提问引导孩子自己说出"该如何做"。

就上述例子而言，家长想表达"你要按时回家"，也就是需要让孩子自己说出"下次我一定按时回家"。而要引导孩子说出这句话，家长则需要先提出"你今后要怎样做"这个问题。像这样，家长需要以倒推的方式去设计问题，引导孩子说出目标。

人们对于来自他人的告诫通常会抱有抵触心理，而对于自己所讲的话，则会积极地去实现。所以，最好的方法是通过提问引导孩子自己说出正确的目标。

提问的要点 4

写下来

如果孩子好不容易说出了家长想表达的意图，却很快又忘记了，那么沟通同样失去了意义。孩子原本就容易忘事，所以一定要将目标落实到纸面上，再贴到显眼的地方，以便时刻提醒孩子。

After

（孩子回到家。）

妈妈：回来了？洗完手，在这儿坐一下吧。 ①创设情境

有件事情妈妈很在意，你知道是什么吗？

孩子：是不是我回来晚了？

妈妈：是啊，出什么事了吗？ ②询问原因，而非指责结果

孩子：没什么特别的事。

妈妈：你知道为什么要你按时回家吗？

孩子：因为太晚了就会有危险。

妈妈：是啊，尤其最近天黑得特别早，妈妈一直在担心你会不会出事。以后你要怎么做呢？ ③引导孩子自己说出目标

孩子：我要按时回家……

妈妈：你认为怎样才能做到按时回家呢？

孩子：要看手表，还要提前和朋友说清楚自己需要几点

回家。

妈妈：为了以后不会忘，我们应该怎样做呢？

孩子：把目标写到纸上。

妈妈：你说得对，我们现在就写，然后把它贴起来怎么

样？ ④写下来 下次出门前记得先确认一下！

等你写好我们就吃晚饭吧。

提升提问的水准

Before

爸爸：准备好要出发了吗？

孩子：还没有。

爸爸：你的朋友在等呢，快点吧。

孩子：可是我还很困。

爸爸：你别太过分了，不要让朋友等。

孩子：……（早上就被批评了，不开心。）

当孩子行为不当时，家长要如何处理呢？首先要平静下来，思考一下孩子的理想状态究竟该是怎样的？就上述例子而言，理想状态是孩子可以不用家长督促，自己做好出发准备。那么如何才能促使孩子从现实状态转变为理想状态呢？

家长的引导大致可以分为 3 个步骤。

提问的步骤 1

明确理想状态

通过向孩子提出"你认为怎样才是正确的呢？"的问题，使孩子明确理想状态。

提问的步骤 2

使孩子意识到自己表现不佳

通过向孩子提出"这次你的表现怎么样？""今天你的表现如何？"之类的问题，使孩子意识到自己的表现有不足之处。

提问的步骤 3

决定今后该如何做

家长不要直接说出目标，而是让孩子自己决定今后该如何做。

After

（孩子回到家。）

爸爸：你回来了，在那边坐下来，我想和你聊聊早上的事。你今天有没有在约定时间准时到达呢？

孩子：赶上了。

爸爸：没有让朋友们等你？

孩子：他们等了一小会儿。

爸爸：你和朋友约定的时间是几点？　①明确理想状态

孩子：7点40分。

爸爸：今天你几点出门，还记得吗？　②使孩子意识到自己表现不佳

孩子：7点45分。

爸爸：你认为这样做好吗？

孩子：不好。

爸爸：是啊，朋友们特意早到了却要等你，一定会不开

心。明天你要几点出门呢？

③决定今后该如何做

孩子：我争取 7 点 30 分出门。

爸爸：嗯，加油吧！

案例
10　当孩子对才艺学习没有热情时

Before

🧑 **妈妈：** 今天也练一下钢琴吧，从乐谱的第 20 页起，我们

开始吧！

🧒 **孩子：** ……（真不想练！）

（正在练习时。）

🧑 **妈妈：** 你认真一点，离比赛没有多少时间了。

🧒 **孩子：** ……（无所谓，反正我也不想参加。）

🧑 **妈妈：** 你要是不想参加就别练了，这种状态即使上场也

只会出洋相！

🧒 **孩子：** 知道啦。（真不想练！）

在初始阶段就设定好目标。

在上述例子中，家长在无视孩子意愿的情况下安排孩子练习钢琴。孩子心中并未确立好目标，这就如同对孩子说："我们开始跑步吧，虽然漫无目的，但你一定要全力以赴！"

人之所以能够全力以赴，往往是因为设定了目标。在参加活动之初，家长要先与孩子讨论，为活动设定一个目标，还可以引导孩子想象目标达成后的情景，使孩子预先体验成功后的快乐，这会更加坚定孩子的信念。

设定好目标也就明确了努力的方向，在接下来的过程中，家长需要适时地确认孩子是否偏离了目标路线，为其引导正确的方向。

After

🙍 **妈妈：** 我们开始练习钢琴吧，最近有一个钢琴比赛，你想参加吗？

1
表扬

2
批评

3
提问

4
鼓励

5
反向激励

🧒 **孩子：** 当然想！

👩 **妈妈：** 那你说说看想有怎样的表现呢？是想用琴声感动听众，还是不出差错地弹完，或是仅仅参加一下就可以了呢？你想达到怎样的目标？ **选择法**

🧒 **孩子：** 机会难得，我想用琴声感动听众。

👩 **妈妈：** 让我们想象一下，如果你在现场发挥得很好，会有谁特别感动？ **想象法**

🧒 **孩子：** 钢琴教室的朋友还有低年级的同学，如果奶奶看到比赛视频应该也会很感动。

👩 **妈妈：** 那么为了实现这个目标，我们需要怎样练习呢？

🧒 **孩子：** 先做到不出差错地完整弹下来，然后再提升表现力。

👩 **妈妈：** 那我们加油吧。

（孩子在练习中偷懒时。）

👩 **妈妈：** 你今天不太专心。

🧒 **孩子：** 嗯……

妈妈：你还记得我们参赛的目标是什么吗？　目标法

孩子：用琴声感动听众。

妈妈：没错，那我们休息一下再练一次吧。

孩子：好的。

提问的方法

选 择 法

> 完成基础课程可以学会游泳，完成进阶课程可以更加熟练，完成专业课程就可以冲刺达到专业级水准了。你想达到什么水平？

> 我想完成进阶课程。

选择法的定义　让孩子从多个选项中确定目标

家长可以列出解决问题的若干个选项，让孩子从中选择，确定目标。一般可以提供 2～4 个选项，让孩子选择最适合自己的目标。

选择法的用语

- 有 3 种生活方式，你选择哪一种?

- 有 A 和 B 两种做法，你选择哪一种?

- 一条路虽然辛苦但很快乐，还有一条路虽然轻松但很无聊，你选择哪一条?

- 你现在正处于分岔路口，究竟想走哪一边，仔细思考一下吧。

选择法的例子

爸爸： 你想继续练习这项才艺，还是放弃它重新学习一项新的呢?

孩子： 我想学新的。

1 表扬
2 批评
3 提问
4 鼓励
5 反向激励

2 提问的方法

想象法

如果下次比赛你能夺冠，那时会有怎样的心情呢？

我肯定特别有成就感！

想象法的定义　让孩子想象成功后的情景

家长可以让孩子想象自己获得成功后的情景、感受以及周围人的反应，以此唤起孩子的进取心。

想象法的用语

- 如果你成功了，会得到谁的夸奖呢？

- 试着让成功的感受像气球一样膨胀起来吧。

- 如果学会了这个，你会具备怎样的能力呢？

- 如果你每天都坚持练习，会有怎样的变化呢？

- 如果你做到了，会有怎样的心情呢？

想象法的例子

妈妈：如果这项自主探究进展顺利的话，会有什么结果呢？

孩子：会有新的发现，真令人期待！

1
表扬

2
批评

3
提问

4
鼓励

5
反向激励

3 提问的方法

目标法

你想学到什么程度呢？

我想先学会一首曲子。

目标法的定义　让孩子思考活动的目的

让孩子意识到活动的目的，明确自己的目标。家长需要确认孩子是否朝着既定的方向前进，并监督孩子的行为和态度。

目标法的用语

- 你想成为怎样的人？

- 你认为怎样才是好的结果呢？

- 你学习这项才艺的目的是什么？

- 你会对怎样的结果感到满意呢？

- 你现在的行为与我们确定的目标一致吗？

目标法的例子

妈妈：关于这次比赛，你认为怎样就算是成功了呢？

孩子：能进一个球就是成功！

案例

11 当孩子将餐具丢在洗碗池不管时

Before

（面对堆满餐具的洗碗池。）

爸爸： 你把用过的餐具直接放到洗碗池里了？

孩子： 嗯。

爸爸： 如果不用水把碗浸泡起来的话，会很难洗的。

孩子： 嗯。

爸爸： 所以你把餐具放下后，记得放水浸泡。

孩子： ……（真麻烦，不想做。）

通过提问让孩子发现问题。

上述例子中，家长向孩子传达了"用水把碗浸泡起来"的要求，而其实我们最好可以让孩子自己去发现该如何做。此时我们可以利用前文中提到的"自分泌"原理，使孩子自己意识到问题所在。

像做游戏一样分解问题

首先，家长可以问孩子"目前面临的问题是什么？"通过提问，我们也许会得到孩子的许多种答案。在回答过程中，孩子可以像做游戏一样，实现对问题的深入思考。当孩子表达出自己的想法后，家长可以继续深挖："具体是什么呢？""问题的原因究竟是什么呢？"

这样做能够使孩子对问题的理解更加具体、细致，这被称作"下切法"（chunk down）。所谓下切法，就是将事物切分为若干的小块。家长与孩子谈论得越具体，就越能使孩子明确接下来该如何做，孩子也就更容易开始行动。

167

1
表扬

2
批评

3
提问

4
鼓励

5
反向激励

如果家长经常以提问来引导孩子对事物产生更深刻的理解，久而久之孩子就会掌握从发现问题到解决问题的思考过程。逐渐地，即使家长不再做特别的引导提问，孩子也能做到独立思考。虽然前期会花费一些时间，但让我们多些耐心来向孩子提出问题吧。

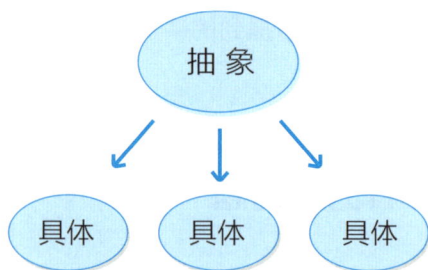

抽象

具体　　具体　　具体

"下切法"示意图

After

爸爸：你去厨房看看，能不能发现什么问题？ **发现法**

孩子：筷子摆放得乱七八糟，有的掉在地上了。

爸爸：对啊，如果把它们放好，下次用起来就更方便了。

还有什么吗？

😊 **孩子：** 餐具黏黏糊糊的。

😊 **爸爸：** 如果一直这样放下去会怎样？　扩充法

😊 **孩子：** 那就不好清洗了。

😊 **爸爸：** 对啊，污渍会很难清除，洗起来会很费劲。那怎么办才好呢？

😊 **孩子：** 在放餐具时就把它们用水浸泡起来。

😊 **爸爸：** 先用水浸泡起来，清洗时就会更容易，对吧？那你下次收拾完餐具，记得用水泡起来。

😊 **孩子：** 嗯。（下次我试试。）

4 提问的方法

发现法

出门前看一下房间，发现什么问题了吗?

嗯……啊，空调还开着!

发现法的定义　　引导孩子发现问题

出现问题时，引导孩子自己去发现它。当孩子提出各种各样的想法后家长再一一作出评价。让孩子尽可能多地说出自己的想法，培养孩子发现问题的能力。

发现法的用语

- 有没有发现哪里不太合适？

- 哪里可以改善呢？

- 你知道为什么要重新再做一遍吗？

- 问题出在哪里？

- 调整哪里合适呢？

- 还有其他问题吗？

发现法的例子

爸爸：你观察一下车里，发现什么了？

孩子：嗯……点心的包装袋掉了。

爸爸：没错，把它捡起来扔掉吧。

5　提问的方法

扩 充 法

扩充法的定义　对孩子的回答进一步做出详细的询问

对孩子的回答进一步做出具体、细致的提问。当孩子的回答比较抽象、模糊时，使用这一方法很有效。

扩充法的用语

- 具体来说呢？

- 可以举个例子吗？

- 然后呢？

- 能详细地描述一下吗？

- 比如说呢？

- 可以再讲得细致一些吗？

- 能让爸爸再听得清楚明白一点儿吗？

- 那么接下来要怎样做呢？

扩充法的例子

孩子：今后和别人吵架时，我不会再讲伤人的话了。

妈妈：具体说说，不会再用什么词了呢？

孩子：比如"小矮个儿"之类的，我不会再说了。

173

案例
12 当家中物品损坏时

Before

妈妈： 最近家里总有东西被损坏，今天因为下雨不能出门，朋友来家里玩时，你们就乖乖地做游戏，不要再追逐打闹了！

孩子： 好的。

（朋友来到家里后。）

孩子： 让我们来玩捉迷藏吧。

妈妈： 喂！我刚说过不要在家里跑来跑去的！

促使孩子发现原因并思考对策。

　　孩子自己也会意识到损坏物品是错误的行为，但他们不会更加深入地去思考"我是怎样把东西损坏的？""怎样才能避免损坏呢？"这就需要家长通过提问来引导孩子深入思考问题的原因。让孩子尽可能多地说出自己的想法，越全面越好。最后引导孩子归纳总结，将一个个具体的想法抽象化。

　　像这样，将事物合并归纳、进行抽象化总结的方法，被称为"上堆法"（chunk up）。**"上堆"与"下切"是相对的，即将事物总结、合并到一起。**家长需要帮助孩子将零散的想法整合起来，归纳成总结性的想法。

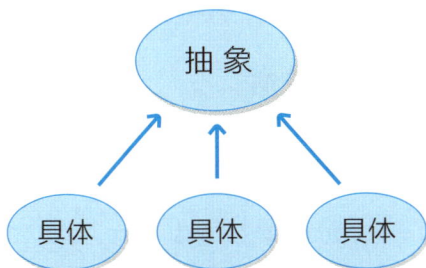

"上堆法"示意图

After

🙍 **妈妈：** 最近家里总有东西被损坏，你认为原因是什么？

原因法

🙍 **孩子：** 大概是因为我和朋友在家里玩时总是跑来跑去。

🙍 **妈妈：** 做游戏时不知不觉就会跑起来，还有其他原因吗？

🙍 **孩子：** 在玩耍时我们总是把东西扔来扔去的，之前砸坏过闹钟，我们不应该乱扔东西。

🙍 **妈妈：** 这也是一个原因，还有吗？

🙍 **孩子：** 还有我们在沙发上跳来跳去，在跳下时碰巧打碎了杯子，所以不能在沙发上乱跳。

🙍 **妈妈：** 说得对，把你刚刚分析出来的原因总结一下是什么呢？ **总结法**

🙍 **孩子：** 做游戏时要注意安全。

🙍 **妈妈：** 那今天你们可要注意安全啊。

提问的方法

原因法

如果在电影院里聊天会有什么影响呢?

会打扰到其他人看电影。

原因法的定义　让孩子思考问题的原因

让孩子仔细思考自己犯错的原因。有时孩子对于问题的原因一知半解，只是模糊地知道"这样做不对"。家长应该明确地指出问题的原因所在，引导孩子自己去思考解决方案。

原因法的用语

- 你这样做会影响到谁呢？

- 你认为哪里不对？

- 出现这种状况的原因是什么？

- 要怎样改正呢？

- 怎样的做法导致了这种结果呢？

- 让我们从头开始思考。

- 最初的原因是什么呢？

- 为什么不能这样做呢？

原因法的例子

爸爸：如果我们不遵守约定的话，会出现什么问题呢？

孩子：会失去别人的信任。

提问的方法

总结法

你寒假有什么打算？

早睡早起，作息规律，每天写作业。

总结起来就是？

生活要有规律。

1
表
扬

2
批
评

3
提
问

4
鼓
励

5
反
向
激
励

总结法的定义　　引导孩子用一句话总结自己的想法

先让孩子阐述各种各样的想法，再引导他们用一句话进行总结，最好可以将所有的想法概括为一句抽象的话。

总结法的用语

- 如果全部都能做到，那结果会怎样？

- 用一句话概括一下呢？

- 关键词是什么？

- 把想法综合起来看看？

- 哪个想法是最重要的呢？

- 将这些想法都归纳起来呢？

总结法的例子

👧 **妈妈：**你说出了很多不与兄弟姐妹吵架的方法，用一句话总结起来是什么呢？

🧒 **孩子：**要多为对方着想。

13　当孩子深夜还在玩手机时

Before

爸爸：很晚了，你还要玩手机到什么时候？

孩子：大家都还在群里聊天，如果我中途退出，会显得不合群。

爸爸：买手机时我们不是约定好了最晚只能玩到 10 点吗？如果你不能遵守约定，我就要把手机没收了！

孩子：不用这样吧！马上就结束了，再等一会儿嘛。

爸爸：我都是为了你好，不要太过分！

孩子：……（真烦，别管我！）

1
表扬

2
批评

3
提问

4
鼓励

5
反向激励

POINT

> 将行为客观化，再引导孩子改善。

在上述例子中，家长已经使孩子认识到了"为什么不能一直玩手机"，而在此之前他们也制定了手机使用规则。即便如此，孩子依旧无法遵守约定。孩子有时的确会仅仅嘴上说说，却不付诸行动。在制定规则时孩子会乖乖听话，而到了实际执行阶段，他们脑中"再玩一会儿"的念头往往会占据上风，结果就是孩子只说不做。

将孩子的行为数值化

首先，要让孩子客观地给自己的行为评分。孩子往往很清楚自己的行为并不恰当，于是自己也会给出不高的分数。此时家长可以促使孩子思考"为什么会得到这样的分数"，引导孩子反思后自行提出改善方案，并且要求孩子列出具体的行动步骤。此后，家长再一步步地督促孩子做出改变。

After

爸爸：到这边的房间里来一下。

孩子：好的。（糟了，会不会是因为我一直玩手机到很晚的事？）

爸爸：对于使用手机这件事，如果满分是 100 分的话，你给自己打多少分？ **数值化法**

孩子：嗯……差不多 50 分吧。

爸爸：为什么会这么低呢？

孩子：因为我总是超过约定的时间。

爸爸：是啊，我们在买手机时约定可以玩到几点呢？

孩子：到晚上 10 点。

爸爸：现在你会玩到几点呢？

孩子：11 点……

爸爸：你认为一直这样下去好吗？ **反省法**

孩子：不好……但如果我中途退出聊天，会显得不合群，还可能会被他们排挤。

👦 **爸爸：** 原来如此，我理解你的心情。那怎样做才能既尊

重朋友，又能在规定的时间内结束对话呢？

步骤法

👧 **孩子：** 我先告诉他们自己会在 10 点下线。

👦 **爸爸：** 下次这样做试试看，如果比较难做到，我们再想

其他办法。你要好好遵守约定，晚安。

👧 **孩子：** 晚安。

提问的方法

数 值 化 法

数值化法的定义　　让孩子的自我评价数值化、具体化

当我们要求孩子评价自己的行为时，他们往往会含糊其辞。所以家长可以要求孩子以评分的方式来做自我评价，以此将自己的行为数值化、具体化。还可以要求孩子用比喻或用身体语言将评价表示出来，使他们对自己的现状有明确的认知。

数值化法的用语

- 如果为自己填写评价表，有"优秀""良好""还需努力"这些选项，你认为自己属于哪一档？
- （用手比划出一座山。）假设目标是山顶，你现在大概处在哪个位置呢？
- 如果满分是 10 分，你认为自己能得多少分？

数值化法的例子

爸爸：对于自己现在的水平，如果用高度来表示，你认为是什么程度呢？

186

孩子： 大概这样的吧……（用手比划出中间的高度。）

爸爸： 如果想达到最高点，你认为还有哪些地方需要改进？

9 提问的方法

反省法

通过这件事你学到了什么?

做游戏时要注意周围的环境。

反省法的定义　**让孩子对自己的行为做出反思**

让孩子反省自己的行为，用语言表达出来。人人都会犯错，家长需要让孩子思考，为了避免再犯同样的错误该如何做。

反省法的用语

- 为了记住这个教训，应该怎样做呢？

- 今后要怎样做，你自己决定。

- 你认为自己哪里做错了呢？

- 如果可以再做一次，你打算怎样做？

- 对于犯了错误的自己，你想说些什么呢？

反省法的例子

（考试成绩不佳时。）

妈妈：这次成绩很差，你认为是出于什么原因呢？

孩子：可能是因为我做完题目没有检查。

10 提问的方法

步骤法

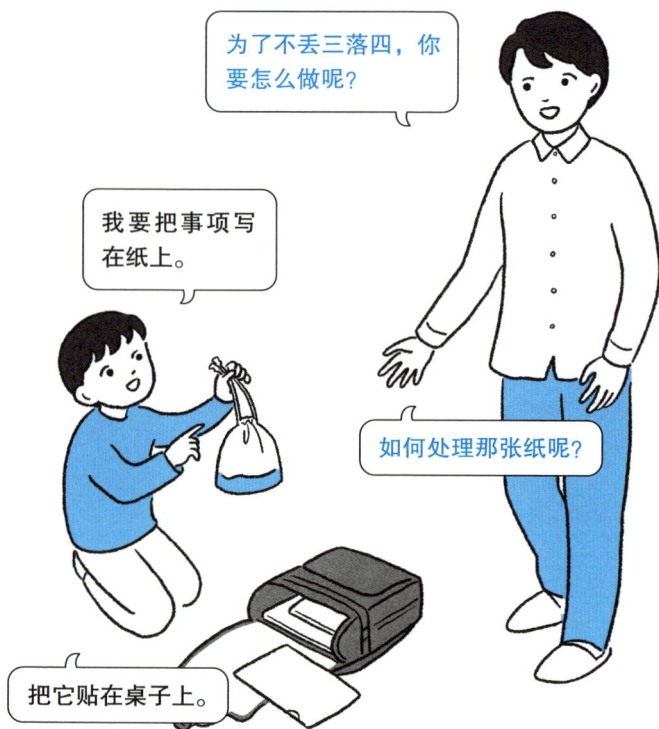

步骤法的定义　确认改进的每个步骤

　　如果孩子已经意识到了目标与现实之间存在差距，我们接下来就要与孩子确认改进哪些方面才能弥补这一差距。为了能够让孩子更好地按步骤行事，我们可以进行引导性提问，再对孩子的回答给予补充建议。

步骤法的用语

- 首先要做什么呢？

- 按照顺序来说一说该做哪些事？

- 要做到什么时候？

- 可以做到什么程度呢？

- 该怎样做到呢？

- 接下来要做什么呢？

步骤法的例子

爸爸：怎样做才能把字写得漂亮呢？

孩子：用另一只手按住纸，然后再写。

爸爸：接下来要做什么呢？

专　栏

控制愤怒的方法

1
表扬

2
批评

3
提问

4
鼓励

5
反问激励

工作日的早上时间紧迫，家长往往会慌慌张张，而讽刺的是孩子本人却磨磨蹭蹭，丝毫不急。这一幕时常上演，让我们就此讨论一下控制愤怒的方法。

①课题分离

我们应该有"课题分离"的意识，即当问题出现时首先判断"这是谁需要去解决的课题"，划分问题的归属。

"做好准备，按时出发上学"属于孩子的课题，应该由孩子自己去解决。

但孩子往往不认为这是自己的事，他们会认为："虽然可能会迟到，但父母会帮我想办法的，磨蹭也没关系。"因此，孩子不会自行修正这种行为模式。

应对这种情况最好的方法是家长什么也不做。如果家长不干预，孩子也许会忘带东西、迟到。但只有当孩子自己体验了这些失败，他们才会意识到"不能再这样下去了"。当孩子自己抱有想要改变的想法后，他们才能真正直面自己的课题，此时家长再给予辅助性的帮助。家长要有这样的意识：孩子的课题应该交由孩子自己解决，不应由家长主导。所以当我们焦躁不安时，记得先问自己："这究竟是谁的课题？"

②调整呼吸

为减轻压力，首先要调整呼吸。呼吸虽然是一种无意识行为，但我们也可以用意识对它进行调整。当我们调整呼吸时，大脑也会将注意力转移到这一原本无意识的行为上。在教导孩子时，如果突然感到焦躁，可以做深呼吸。无论坐着或是站着，重复 5 次吸气呼气的过程，将注意力集中到观察肚子膨胀、缩小的变化上，排除杂念。据说愤怒的高峰只会持续 6 秒，持续深呼吸可以帮你轻松度过。此后你可以重新审视自己面临的问题，也许就能客观地评价此事，并且发现这并不值得如此生气。

③暂时离场

从物理空间上离开也是一种有效的方法。如果与造成我们焦虑的人共处一室，不安会一直持续。最好的方法就是暂时脱离这一环境。去其他房间、到附近散步、去厨房喝水、出门购物、去洗手、到阳台收衣服等。

家长在与孩子产生矛盾时，可以暂时离开，心情平复后再回到孩子身边。此时的你也许就会像按了重启键一样，可以再次审视自己的态度了。孩子也是独立的个体，不可能完全按照家长的意志行事，在与孩子相处的过程中，我们要善于调节情绪。

第 5 章

鼓励的方法

何谓鼓励

当孩子感到苦恼、情绪低落时，作为家长的你能够很好地鼓励他们吗？有时家长所认为的鼓励并不会被孩子接受。

让我们来参考下面这段亲子对话，思考问题究竟出在哪里。

Before

孩子：妈妈，我……不想打篮球了。

妈妈：啊？怎么突然有这种想法？好不容易学了这么久，这时放弃你今后也许会后悔，你想清楚了吗？试着坚持到小学毕业怎么样？

孩子：嗯，说的也是……不过我坚持不下去了。（妈妈一点都不理解我！）

妈妈：……（这孩子怎么了？）

看似简单，实则需要技巧

当引导孩子时，家长在许多场景都会做出鼓励，我们通常会对孩子抱有期许，如希望孩子不要轻言放弃、做事能够有始有终、能力可以有所提升等。但过高的期望可能会使家长将理想强加于孩子、对孩子过度干涉或过度苛责。鼓励看似简单实则很难。

在重视体育运动的美国，教练们往往善于激发运动员的积极性。为了使即将登上赛场的运动员能够充分展现出自己的实力，教练会从运动员的角度出发精心构思一些鼓励的话，用简短的语言激发运动员的斗志。此外，鼓励性的语言在现代企业管理中也被广泛应用于激励团队成员。

鼓励性的语言一般由 4 个部分组成：理解、转换、行动、激励。

鼓励的步骤1

理解（理解孩子的烦恼）

第一步就是"理解"。家长要充分地与孩子共情，告诉孩子，自己理解他的烦恼及痛苦。当我们能够设身处地去理解孩子的心情，也就能够打开孩子的心扉了。孩子最期待的是在沟通中获得理解。如果家长直接建议孩子"你要这样做"，可能会使孩子产生不被理解的委屈。所以家长首先要用心倾听，给予孩子充分的理解。

After

孩子：妈妈，我……不想打篮球了。

妈妈：是吗，宝贝不想打篮球了啊。 **理解** 是因为有什么事吗？

孩子：我和队友们相处得不融洽。

妈妈：原来是相处问题啊。你说说看具体是什么情况呢？

孩子：别人失误时大家都会鼓励说"没关系的"，而当我失误时却没有人安慰我。

妈妈：一句安慰的话都不说吗？<mark>的确令人伤心！</mark>

<mark>理解</mark>

孩子：我已经很努力地打球了，但传球总是出现失误。

如果大家都这么讨厌我的话，我就不想打球了。

妈妈：妈妈明白了，原来你是因为和队友的相处问题才

不想打篮球了。

孩子：嗯……

妈妈：<mark>当我们感到自己无法处理好人际关系时，一般都</mark>

<mark>会想逃离那个环境，这是人之常情，你为此烦恼</mark>

<mark>也很正常。</mark> <mark>理解</mark>

鼓励的步骤 2

转换（转换孩子的思维方式）

在给予孩子充分的理解后，接下来就要"转换"。帮助

孩子从积极的视角出发重新审视问题，可以使用如"虽说如

此，但是……不是吗？"或"不过也可以说是……对吗？"

这样的句式，帮助孩子发掘问题积极的一面。

After

孩子：也许吧。

妈妈：是这样的，那么你对打篮球本身也不喜欢了吗？

孩子：我还是浪喜欢的。

妈妈：只要处理好与队友的关系，你就愿意继续打篮球，是吗？

孩子：嗯，如果他们不对我冷嘲热讽，我就能坚持下去。

妈妈：这样啊，你之所以会闷闷不乐，恰恰是出于对篮球的热爱。你其实浪想继续下去。**转换**

所以你最好再慎重考虑一下是否坚持。

孩子：嗯。

鼓励的步骤 3

行动（督促孩子行动）

到了这一步再建议孩子具体采取哪些行动。家长要提出可行的方案，最好是孩子力所能及的、简单的行动。告诉孩子"我们就先从……开始吧！"

After

🧒 **妈妈**：这件事教练知道吗？

🧒 **孩子**：我觉得他还不知道。

🧒 **妈妈**：训练结束后你可以找教练聊聊这件事。 `行动`

　　　　　如果教练能给大家讲讲"球队里应如何互动、如

　　　　　何处理队友关系"就再好不过了。

🧒 **孩子**：是啊，可能这样比较好。

🧒 **妈妈**：你觉得怎么样，要不要妈妈帮你去向教练说说？

🧒 **孩子**：不用，下次训练结束后我自己去说。

🧒 **妈妈**：如果实在不行，我们也可以把退队作为备选方案，

毕竟保护你的心理健康才是最重要的，况且还有其他可以继续打篮球的地方。不过你这么喜欢篮球，我们要先做些努力，如果直接放弃就太可惜了。总之先和教练聊聊吧。 **行动**

孩子：好的。

鼓励的步骤 4

激励（激励孩子）

最后一步是向孩子传达"激励"，从背后"推"孩子一下，赋予孩子勇气。家长要向孩子表达自己会全力支持他，可以说"你能做到的""我支持你""加油"等。

After

妈妈：怎么样，心里舒服一些了吗？

孩子：嗯，我还想再努力一下。

妈妈：太好了，你要记住：无论发生什么事，妈妈都会

站在你这边。加油吧，随时都可以和妈妈商量。

激励

孩子：谢谢妈妈。（幸好和妈妈讲了！）

鼓励的要点

Before

（在中考的模拟测试前，孩子哭了。）

爸爸： 怎么了，不用那么紧张，没关系的！

孩子： ……（才不是没关系呢，正因为重要我才会哭的。）

爸爸： 你一直都很用功，尽量少出错，把实力发挥出来就可以了。即使这次成绩不理想，下次可能会有不错的结果。还有啊……

孩子： ……（爸爸究竟想说什么？）

爸爸： 总之考不好也没关系，你不用太紧张。

孩子： ……（令人一头雾水，没有人理解我。）

有时家长明明想要鼓励孩子，却因为方法不正确反而在无形中给孩子造成了巨大的压力，甚至还使孩子失去了动力。使用好鼓励的语言需要注意以下 4 个要点。

鼓励的要点 1

使用正向的语言

人类的大脑不擅长处理反向的、否定的表达。例如，当有人对我们说"请不要去想象在手掌上跳舞的金色大象"时，我们会不由自主地去想象金色大象。同样，如果有人对我们说"不要出错"，失败的情景就会在我们的脑海中不断闪现。所以在亲子沟通时，我们要减少使用反向的、否定的表达，增加正向的、肯定的叙述。

鼓励的要点 2

使用简短的语言

句子冗长往往是因为其中包含了不必要的、无意义的重复表达。孩子在理解冗长的内容时需要耗费极大的精力。而简短的语言会使孩子轻松地接受，所以我们要尽可能地使表达更简洁。

鼓励的要点 3

使用易于理解的语言

当孩子紧张不安时，如果家长的表达过于复杂，孩子会难以理解，我们也就错失了鼓励的机会。所以要使用孩子可以直接理解的语言。

鼓励的要点 4

使用孩子期待的语言

家长要学会探究孩子的需求，了解他们究竟希望获得怎样的安慰。可以根据孩子的表情、动作以及性格分析孩子的需求，说出孩子更为期待的语言。

After

（在中考的模拟测试前，孩子哭了。）

爸爸：你在担心明天的模拟测试吧，一切会顺利的。

①使用正向的语言

孩子：……（真的吗？）

爸爸：努力就一定会有回报。②使用简短的语言

我看到你每天都很用功。④使用孩子期待

的语言 即便这次失败了，下次再努力就好了。

③使用易于理解的语言

孩子：……（的确，距离实际考试还有一段时间呢。）

爸爸：认真去做，发挥出自己的实力就好。

孩子：好的。（我要努力试试。）

提升鼓励的水准

Before

（孩子伤心地哭了。）

🧒 **妈妈：** 肯定没问题，你有很多优点，妈妈了解你。

🧒 **孩子：** ……（像在说谎，妈妈明明不是这样想的。）

孩子可以觉察到家长的话语是否出自真心。我们可以回想自己童年的经历，孩子往往会仰慕诚实的大人而鄙视虚伪的大人。孩子对于识别真心的敏感度甚至超过了成年人。如果家长只讲一些流于表面的话，孩子并不会感到开心，甚至会认为家长在操控自己。所以家长在鼓励孩子时最需要的是真诚，家长要通过表情、动作、语气等向孩子表达自己真诚的期待。

【鼓励的练习方法】

- 向擅长激励他人的导师学习；

- 对着镜子练习；

- 模仿影视作品中的场景；

- 试着鼓励宠物或植物；

- 录下自己进行鼓励时的画面并回放确认。

After

（孩子伤心地哭了。）

妈妈：很难过吧，妈妈理解你现在的心情。真诚地鼓励孩子

孩子：嗯。

妈妈：肯定没问题，你有很多优点，妈妈了解你。

孩子：嗯。（妈妈是在真心地鼓励我，感觉安心了。）

1
表扬

2
批评

3
提问

4
鼓励

5
反向激励

案例

14 当孩子不想上学时

Before

孩子：爸爸，我今天能晚一点再去学校吗？

爸爸：怎么了，学校里发生什么事了吗？

孩子：没什么。

爸爸：是不是身体不舒服？

孩子：没有。

爸爸：那怎么可以不去学校呢？如果今天休息一次，可能会逐渐养成坏习惯。谁都会有不想上学的时候，快洗个脸让自己清醒一下，赶紧出发吧。

孩子：嗯……（爸爸一点都不理解我！）

爸爸：……（这孩子怎么回事？）

理解孩子的想法。

　　在上述例子中，家长抱有一种先入为主的想法：我一定要解决孩子的问题、改变孩子的想法，于是匆匆下了定论。由于急于改变孩子消极的想法，家长一开始就否定了孩子的情感需求。

　　例子中的孩子也理解上学的必要性，但"不想上学"的情绪依旧占了主导，于是他向父亲发出了求救信号。如果家长在这种状况下强迫孩子，可能会使孩子对上学产生更多的抵触情绪及恐惧感，日后上学会变得更加困难。

　　孩子也有自觉性，他也会产生"我不能再这样下去，要做出改变"的想法。即便如此，出于恐惧不安，有时他只能裹足不前。如果此时家长依旧强行要求孩子去做某事，只会使孩子陷入窘境。

　　在阿德勒心理学中，夺去孩子自主克服困难的能力被称为"削弱勇气"。在这种状况下，家长应该做的其实是"赋予勇气"。

对于孩子的焦虑情绪，家长首先要理解包容，与孩子产生共情，家长可以像鹦鹉学舌一样重复孩子的话。

例如，当孩子说"没什么"时，家长也重复一句"原来没什么啊"；当孩子说"总觉得心里有些不安"时，家长可以说"你觉得心里有些不安啊"。以此与孩子保持步调一致，接纳孩子的情绪，让孩子产生安全感。

此外，家长可以在动作上与孩子保持一致，这在教练心理学中被称为"镜像法"。

例如，孩子将身体前倾时，家长也可以将身体略微前倾；孩子斜靠在椅子上时，家长也可以斜靠着；孩子语速慢时，家长也可以放慢语速；孩子语速快时，家长也可以加快语速；还可以试着与孩子保持一致的呼吸节奏。在语言和动作上与孩子保持步调一致，让孩子感受到家长在认真地倾听并且可以做到感同身受。

当孩子表现消极时，家长也容易急躁。我们需要先冷静下来，不直接否定孩子的感受和想法，而是保持倾听，对孩子焦虑的情绪表现出包容与体谅。

After

孩子：爸爸，我今天能晚一点再去学校吗？

爸爸：啊？你想晚点上学啊。 理解法

孩子：嗯……

爸爸：学校里发生什么事了吗？

孩子：没什么。

爸爸：是不是身体不舒服？

孩子：没有。

爸爸：没有具体的理由，但就是不想去上学，大概谁都

有过这样的经历。爸爸原来也有不想上学的时候

呢。 举例法

孩子：咦！（原来爸爸也有这种情况啊。）

爸爸：不想上学的时候可以直接说出来，没关系的。

宣泄法

孩子：嗯……我今天有点不想去。

爸爸：明白了，那我帮你和老师请假，今天你就在家好好休息，先稳定一下自己的情绪。

孩子：嗯。（爸爸能理解我，可以安心了。）

鼓励的方法

理解法

玩具被抢走了你一定很难过吧，妈妈理解你的心情。

幸好妈妈能理解我。

理解法的定义　与孩子共情

　　家长在情感上要与孩子产生共鸣，并将这种心情传递给孩子。通过重复孩子的话语、模仿孩子的动作，展现出全身心的理解与包容，让孩子感受到你在与他共情。

理解法的用语

- 很难受吧？
- 会有这样的结果很正常。
- 很伤心吧？
- 现在这样已经很好了。
- 想哭是很正常的。
- 这种事我也遇到过！

理解法的例子

（孩子在与朋友吵架后哭了。）

孩子：呜呜……

妈妈：和朋友吵架了，你一定很难过吧，这种情况谁都会难过的。

孩子：嗯……（原来这是正常的感受。）

216

鼓励的方法

举例法

你不用太在意。

实际上，妈妈小时候也因为同样的事情被批评过呢。

啊，妈妈也被批评过？看来没什么大不了。

举例法的定义　　向孩子列举出自己或他人的经历

家长将自己或他人类似的失败经历告诉孩子，以此来安慰孩子。当孩子了解到并非只有自己有这样的经历后，就会感到安心。家长可以回顾自身的经历，回想见闻，搜集一些失败的案例储备起来，以便举例。

举例法的用语

- 爷爷也犯过同样的错误。

- 妈妈朋友的孩子有过同样的经历。

- 很多著名的人也曾经失败过。

- 我看到过有人曾经犯过同样的错误。

- 俗话说："智者千虑必有一失。"

举例法的例子

妈妈：妈妈的一位朋友也有过同样的失败经历呢。

孩子：啊，原来除了我以外，也有人会这样啊。

1 表扬　2 批评　3 提问　4 鼓励　5 反向激励

宣泄法

我被哥哥打了。

这种情况你可以发火!

原来我可以发泄出来啊。

1
表扬

2
批评

3
提问

4
鼓励

5
反向激励

宣泄法的定义 **教会孩子如何表达情感**

　　孩子有时会压抑自己的情感，认为自己不能发脾气、不能哭。如果久而久之形成习惯，孩子就会变得不善于表达情感。家长要帮助孩子解除这种心灵上的束缚，鼓励他们勇敢表达自己的情感。

宣泄法的用语

- 直接说出来就好了。
- 都说出来吧。
- 可以喊出来。
- 你要学着像爸爸一样直接表达。
- 试着发泄自己的情绪。
- 你应该还有其他的想法吧?
- 你可以像小 A 那样直接说出来。

宣泄法的例子

爸爸：你现在一定很难过吧。

孩子：……（点点头。）

爸爸：这个时候你可以哭出来。

当孩子因与朋友关系不和而失落时

Before

🙂 **妈妈：** 怎么了？

🙂 **孩子：** 最近总是和朋友吵架，我真是一无是处。

🙂 **妈妈：** 你一定很难过吧。

🙂 **孩子：** 我不能像其他人一样结交到好朋友，以后也一定

　　　　很难有朋友了。

🙂 **妈妈：** 你失去自信了。

🙂 **孩子：** 我看不到希望。

🙂 **妈妈：** 谁都会有失落的时候。

🙂 **孩子：** 嗯……（和妈妈聊过之后更加郁闷了。）

POINT

转换角度，发掘新视点。

在上述例子中，家长做到了与孩子共情，却没能很好地引导孩子。包容体谅会使孩子感到安心，但一味地迎合则无法起到带动孩子的作用，还可能会使孩子更加消沉，家长需要把握好适度原则。最好可以在表现出对孩子抱有理解的基础上，适时地提出新的视角，引导孩子找到事物的积极面。

插入转折语转换孩子的思维

迪士尼电影《小飞象》讲述了小象丹波的故事。丹波因为自己的耳朵很大而感到自卑，但老鼠蒂莫西却鼓励它说："你的耳朵这么大，是不是可以使你飞到天上去。"丹波听后很受鼓舞，随后真的利用大大的耳朵飞上了天。蒂莫西的鼓励就是丹波转换思维的关键。

家长引导孩子转换视角，让孩子重新审视那些使他们感到焦虑不安或自卑的事物，孩子就能以此为契机调整自己的情绪。

家长可以使用"正因为……才……""话虽如此"之类的转折语。

"正因为……才……"可以引导孩子发掘新的原因。在上述场景中,家长可以这样说:"正因为你很珍视友情,所以才会这么难过。"以此帮助孩子重新审视自己的想法。

而"话虽如此"可以否定孩子的消极观点,引导孩子找到事物积极的一面。家长也可以这样说:"你说自己没有朋友,话虽如此,但其实你在其他班级不是已经交到好朋友了吗?"

After

妈妈:怎么了?

孩子:最近总是和朋友吵架,我真是一无是处。

妈妈:你一定很难过吧。

孩子:我不能像其他人一样结交到好朋友,以后也一定很难有朋友了。

妈妈：宝贝，你真的一个朋友都没有吗？　**觉察法**

孩子：不，在其他班级有。

妈妈：所以你并不是和任何人都无法好好相处，不是吗？

孩子：嗯，的确。

妈妈：我知道你现在很难过，但正因为你很珍视友情，所以才会这么伤心。如果你不在意朋友，也就不会这么伤心了。　**视角转换法**

孩子：嗯，我想和大家好好相处……

妈妈：你有这样的愿望就一定能实现，你对其他同学一直都很体贴友好，前几天不是还教同学玩游戏了吗？

孩子：但我不像其他人一样什么都很擅长。

妈妈：正因为这样才好呢。　**进一步否定法**

样样都擅长的人不能充分理解他人的困难之处，但你可以。交不到朋友、没有特长，确实会使人伤心难过，但正因为经历了痛苦才使人拥有体贴

他人的善良之心。虽然现在朋友不多，但妈妈相

信你以后一定能交到更多好朋友。

孩子：这样啊。（我又有信心了。）

妈妈：哭出来也没关系，等感觉好些了就到外面去玩吧。

鼓励的方法

觉察法

觉察法的定义　让孩子意识到自己现有的优势

如果孩子只一味关注自己的缺点，就会越来越不安。这就好像在玩拼图游戏时，如果我们一直寻找缺少的那块拼图，就无法享受游戏的过程了，家长要引导孩子关注"现有的拼图"。引导孩子发现自己现有的优势，着眼于自己目前能做到的事。

觉察法的用语

- 你具有……的优点。

- 话虽如此，但是你具备了……

- 试着发挥你在……方面的优势吧。

- 你可能还没有注意到这一点呢。

- 其实你很……

- 你在……方面很有天赋。

觉察法的例子

孩子：不知道芭蕾舞比赛会不会顺利，我没什么自信。

第5章　鼓励的方法

🧒 **妈妈：** 你不是每天都在很努力地练习吗？

🧒 **孩子：** 嗯。（我确实一直都在努力练习呢。）

🧒 **妈妈：** 每天都能坚持练习就很不简单了，你要自信

　　　　　一些！

视角转换法

视角转换法的定义

像将硬币翻面一样，引导孩子改变看问题的角度

正如硬币存在正反两面一样，即使是同一事物，当我们从不同的角度去审视它时，也会有不同的结论。同样，当孩子面临困境时家长要引导孩子转换视角，也许就会发现"原来翻过来再看还有这样的一面"。

视角转换法的用语

- 反过来讲也就是……
- 不过这也是……的好机会呢。
- 这恰恰证明了你在……方面的积累。
- 今后就会触底反弹了。
- 这件事也可以这样去想吧。
- 换个角度想也就是……

视角转换法的例子

孩子：昨天我紧张得没睡好。

爸爸：这恰恰证明了你准备得十分认真呢。

孩子：嗯……确实是这样的。

进一步否定法

进一步否定法的定义　否定孩子谦虚的说法

当我们表扬孩子后，孩子有时会谦虚地否定。此时家长要进一步否定孩子谦虚的说法，使表扬更具说服力。家长的表达要坚定有力，以此来打消孩子的顾虑。

进一步否定法的用语

- 即使这样也没关系！你已经做得很好了。
- 你能这样想就已经很好了。
- 正因为你想到了这一点才更证明了你的实力。
- 也许你会这样想，但爸爸并不这么认为。
- 那样不是很好吗？

进一步否定法的例子

👨 **爸爸**：你能够为此而苦恼，恰恰说明了你有进取心。

🧒 **孩子**：但是我的排名完全没有提高。

👨 **爸爸**：不是这样的。因为其他同学也在努力，所以即使排名看起来没有提高，实际上你的实力增强了！

当孩子在考试前感到不安时

Before

爸爸：考试的日子终于到了。

孩子：嗯……

爸爸：别担心，一定没问题，你肯定能考上！

孩子：嗯嗯……（压力好大，要是考不上怎么办？）

不要只关注结果，促使孩子行动起来。

在上述例子中，家长的鼓励只提及了结果，而没有告诉孩子该做什么以及如何做。

无法促使孩子行动的鼓励，也就是无效鼓励。

促使孩子做力所能及的事

家长在鼓励孩子时不能只提及结果，而要告诉孩子具体如何行动。

例如，足球比赛时可以这样说"上次比赛进了 3 个球，这次争取进 4 个吧"，而不要说"你一定能赢"。对于不善于整理的孩子，家长可以说"先把这 10 块积木收拾好"，而不要说"赶快收拾干净"。

家长的要求越具体，孩子就越容易感知。他们会认为"如果只是做到这些的话，我也可以完成"，由此孩子行动的积极性就会提升。

总而言之，家长要使用肯定的语言向孩子做出明确的指令，告诉孩子具体的行动方法。

After

爸爸：考试的日子终于到了。

孩子：嗯……

爸爸：别担心，今天记得要先做会做的题目。　引导法

只要你正常发挥，就肯定没问题。

孩子：嗯……

爸爸：爸爸相信你可以做到，一切都会很顺利的。

肯定法

孩子：嗯。（我要加油！）

7

引导法

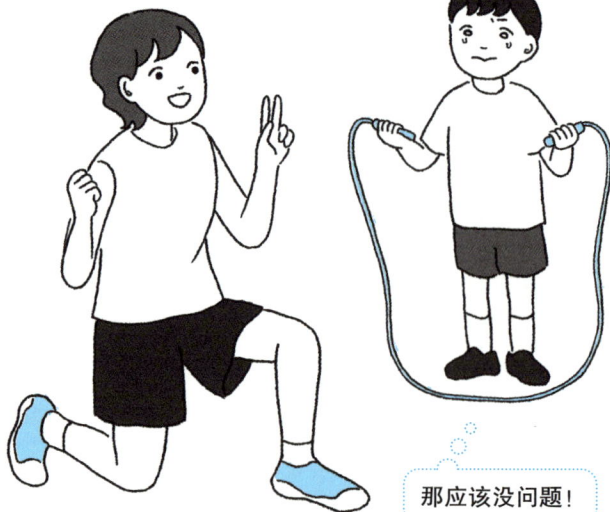

引导法的定义　激发孩子积极行动的动力

家长提出具体的行动建议，以激发孩子行动的动力。其关键在于要在孩子能力允许的范围内提出简单、易实现的具体方案。

引导法的用语

- 让我们从小事做起吧！
- 即使只做一点点也没关系，先试试看。
- 别急，我们会慢慢步入正轨的。
- 说说自己的想法吧，即使只有一个也没关系。
- 先转换一下心情吧。
- 只要做到……就可以了。
- 动起来，一小步就好。
- 试着用力一点。

引导法的例子

（在餐厅里，孩子挑食。）

妈妈：你先尝一口，试试看！

孩子：嗯！

1 表扬

2 批评

3 提问

4

鼓励

5 反问鼓励

8 鼓励的方法

肯 定 法

你可以的，要相信自己！

好，我试试。

肯定法的定义　**通过肯定让孩子充满自信**

家长通过简短的、正向肯定的话语，激发孩子的动力。加强句尾的语气，让孩子真切地感受到来自家长的全力支持。语言要积极向上，语气要充满活力。

肯定法的用语

- 你绝对做得到！

- 你一定行！

- 好棒啊！

- 来，让我们开始吧！

- 一定会很顺利！

- 如果你做的话，一定没问题！

- 我相信你！

- 你要相信自己！

肯定法的例子

爸爸：一定没问题，想想自己一直以来所付出的努力！

孩子：嗯！

爸爸：对，就是这种状态！

239

案例

17

即将出发去比赛时

Before

👧 **妈妈**：今天终于要参加剑道比赛了，加油啊！

👧 **孩子**：嗯。

👧 **妈妈**：好期待比赛的结果，记得回家之后告诉我！

👧 **孩子**：啊……嗯，我出发了。（怎么像是在说别人的事一样。）

POINT

做好最后的激励，表达自己的支持。

为了激励孩子行动，家长在最后关头还可以再着重强调一下，推动孩子迈出第一步，让孩子感受到"父母会支持我，为我加油打气"的安心感，产生"我能行"的积极心态，从而发挥出实力。

如果家长只是一味地加油，可能会使孩子陷入身心过度紧张的状态，最好可以再结合一些温柔的鼓励，让孩子放松下来。语言不必太过冗长，尽量简短、易于理解，用这最后的一两句话来推动孩子迈出第一步。

After

👧 **妈妈：** 今天剑道比赛终于要开始了。你要努力啊！妈妈会一直为你加油的！ 加油法 无论结果如何，好好享受比赛的过程，顺其自然就好！ 减压法

241

👧 **孩子：**我出发了！（妈妈说得对，我要一边享受比赛一

边拼尽全力！）

1
表扬

2
批评

3
提问

4
鼓励

5
反向激励

9

鼓励的方法

加 油 法

无论发生什么事，妈妈都会一直支持你！

这下放心了，我努力试试！

加油法的定义　对孩子表示支持

在一番鼓励之后，家长要表示出对孩子的强烈支持，促使他们迈出第一步。用简短而有力的语言向孩子传达积极向上的情绪，激发孩子的动力。

加油法的用语

- 我会一直在身边支持你的。
- 加油！加油！
- 努力加油吧！
- 要全力以赴啊！
- 能做到就好！
- 尽全力拼搏吧！
- 奋斗！
- 看到你，妈妈也充满了动力！

加油法的例子

妈妈： 你要相信自己！

孩子： 嗯！

妈妈： 妈妈做你的啦啦队，加油！

10

减压法

减压法的定义　帮助孩子松弛下来并保持积极的心态

孩子有时并不缺乏动力，反而会因为过于在意某事而积聚过度的压力。家长要帮助孩子缓解身心的压力，引导他们保持平和的心态。家长可以表现得轻松活泼一些，帮助孩子松弛下来。

减压法的用语

- 慢慢来吧。

- 放松！

- 顺其自然。

- 松弛一些！

- 不用勉强自己！

- 调整好心态！

- 即使失败也没关系。

- 像平日练习时一样做就行。

减压法的例子

爸爸：稍微出点错也没关系。

孩子：嗯。

爸爸：就这样，放轻松。

专　栏

通过"重构"
将缺点转化为优点

正如硬币存在正反两面一样，孩子的每种性格都可以从两方面被解读。通过转换视角，缺点也可能变为优点。

例如，"神经敏感"这一特质，如果我们仅从负面去解读它，会对它产生消极的印象。但如果我们试着发掘它的积极意义，"神经敏感"也可以看作是"做事细致"。像这样，在与孩子沟通时，我们可以通过"重构"将孩子的缺点转换为优点。

我们可以先来做个练习：写出自己的缺点，然后试着从积极的角度重新解读它，你有没有感到自信逐渐增强了呢？

我们将转换视角、改变对问题的看法称为"重构（reframing）"。frame的含义为"框架"，而突破思维框架即为重构。通过转换角度重新审视孩子的缺点，发现其积极的一面，以此来鼓励孩子，可以激发出孩子更多的潜能。

4

鼓励

语言重构的示例

三分钟热度	⟶	好奇心强
纠缠不休	⟶	有韧性
冒失	⟶	执行力强
缺乏主见	⟶	协作能力强
强硬	⟶	有领导力
容易羡慕他人	⟶	能够认可他人
不讲礼数	⟶	懂得变通
粗枝大叶	⟶	落落大方
胆小	⟶	慎重
效率低	⟶	做事细致
轻率	⟶	行动派
话多	⟶	开朗直率
容易沮丧	⟶	感性
不知羞耻	⟶	意志力强
内向	⟶	气质优雅
缺乏幽默感	⟶	态度严谨
易怒	⟶	性情中人
性情古怪	⟶	有个性
顽固	⟶	有原则
容易急躁	⟶	有爆发力
容易分心	⟶	兴趣点多
表现强势	⟶	有自己的想法
表现弱势	⟶	重视他人
话少	⟶	措词严谨

语言重构的示例	
爱好诡辩 ──→	逻辑性强
缺乏计划性 ──→	随机应变
不善于拒绝 ──→	尊重他人
毛躁 ──→	积极性强
土气 ──→	朴素
神经敏感 ──→	细致认真
急性子 ──→	重视效率
慢性子 ──→	有自己的节奏
处事圆滑 ──→	善于社交
邋遢 ──→	不拘小节
容易得意忘形 ──→	投入度高
为人冷淡 ──→	处世冷静
爱管闲事 ──→	乐于助人
爱哭鬼 ──→	感情丰富
不爱出门 ──→	善于独处
独来独往 ──→	独立
喜欢捉弄人 ──→	善于活跃气氛
呆板 ──→	沉稳
总求助于他人 ──→	信赖他人
沉默寡言 ──→	稳重
优柔寡断 ──→	慎重
粗鲁无礼 ──→	强势可靠
任性 ──→	有自己的信念
不识趣 ──→	衷于自己的想法

第 6 章

反向激励的方法

何谓反向激励

1
表扬

2
批评

3
提问

4
鼓励

5
反向激励

看到标题或许有读者会感到不可思议：与孩子沟通是为了更好地传达教育理念，采取激励的方法可以理解，为何又要反向激励呢？

很多人对反向激励的印象是负面的，认为这是在嘲讽孩子。但实际上，如果家长能够恰当地使用反向激励，它可以使孩子产生翻天覆地的变化。

孩子的性格中往往存在叛逆的一面：当家长催促孩子做某事时，他们会表示拒绝，而当家长阻止孩子做某事时，他们则偏要去做。家长恰恰可以利用孩子的这种特点。

反向激励也就是用语言给孩子施加一个反向的作用力，激发他们做出正向的行动。

例如，当孩子练字时，家长可以先这样说："这个字很难，我觉得你可能写不好。"此时孩子可能会气鼓鼓地回应：

"我写得好！"而当孩子完成后，家长要毫不吝惜地表扬：
"这么难的字你都能写好，太厉害了！"孩子会格外开心。

像这样，家长可以通过反向激励，激发孩子积极正向的
行为。反向激励的核心目的在于促使孩子成长，在"讽刺"
孩子时甚至需要家长表现出一些演技，如果这种刺激成功了，
孩子的能力可能会迅速提升。

而如果使用不当，则有可能会伤害孩子的心灵，家长需
要把握好尺度。

例如，如果家长说"我认为你做不到"后，孩子真的没
有做到，那么他可能会情绪低落，认为"大人根本不相信我
的能力，我真没用"。

即使是原本就善于沟通的家长，可能也无法熟练地应用
反向激励，它可谓是亲子沟通中的高阶技能。所以，在确保
自己对此方法运用自如之前，家长还需谨慎使用。

反向激励的要点

Before

爸爸：我把自行车的辅助轮装好了，你骑骑看！这样骑车就没有那么难了，你肯定很快就能学会。

孩子：哦，看起来确实不难。（试着骑了一下。）快看，我学会了！

爸爸：学会了呢！

孩子：嗯。（这也太简单了，有点没意思。）

在使用反向激励的语言时，需要注意 3 个要点。

反向激励的要点 1

将简单的事说得困难一些

研究表明，人们最愿意投入精力去做的是那些成功率在50% 左右的任务。也就是说，当人们意识到胜算有一半时，尝试的意愿最为强烈。

如果任务过于简单，即便完成也不会带来太多的成就感；如果任务过于困难，人们会预见失败的结果，因而失去尝试的动力。

在上述例子中，孩子并没有产生尝试的意愿与成就感，原因在于孩子认为这件事过于简单。此时为了提高孩子的积极性，家长可以利用反向激励的语言改变孩子对难度的认知，提升其紧张感，激发孩子的动力。家长可以对孩子说："这项活动有难度！"以此激发孩子的好胜心。

反向激励的要点 2

漫不经心地提出质疑

使用反向激励的语言时，切记不要用力过猛。家长可以先表现得漫不经心，对孩子提出质疑，再对结果表示惊讶和赞美，这需要家长具备一定的演技。在表情上，可以先一本正经地皱起眉头，表现出困惑的样子。

我们可以参考搞笑艺人在电视节目中做美食评论时的表现："这种颜色的冰激凌真的会好吃吗？怎么可能好吃呢？……哇，哇，哇！太好吃了！"这种套路式的表演你一定也看到过。其中，"这种颜色的冰激凌真的会好吃吗？怎么可能好吃呢？"就属于质疑的语言，在讲这句话时越是漫不经心，就越能够与结尾的惊叹产生反差。

反向激励的要点 3

结尾一定要表扬

反向激励与表扬需要组合在一起使用。单独使用反向激励的语言容易使孩子感到自己只是单纯地被批评和讽刺了，所以家长一定要在最后以夸张的语气表扬孩子。家长可以参考以下对话，激发孩子更多的可能性。

家长：我想你一定做不到。

1 表扬　2 批评　3 提问　4 鼓励　5 反向激励

孩子：做到了！

家长：啊？！真的做到了啊？！

家长：很难的，我劝你还是不要做了。

孩子：做到了！

家长：你真是个天才啊！

After

爸爸：我把自行车的辅助轮装好了，你骑骑看！不过嘛，你不太可能一下子就掌握！ ①将简单的事说得困难一些 爸爸小时候可是花了三天才学会的呢，所以你一开始骑不好也没关系。 ②漫不经心地提出质疑

孩子：很简单啊，你看我已经学会了！

爸爸：啊？这也太厉害了吧！ ③结尾一定要表扬 才不到五分钟你就会了！

孩子：嗯！（爸爸都惊讶了，太开心了！骑自行车真好玩！）

提升反向激励的水准

反向激励的语言可以促使孩子积极地去迎接挑战。家长需要具备一定的演技才能使用这种方法。这对于原本就具有幽默感的家长来说也许并非难事。反向激励在某种意义上讲也就是"说谎",家长就好比是在搞笑节目中装傻充愣的人。对于平日里爱开玩笑的家长而言,或许很容易就能熟练掌握书中的方法;而对于一向严肃认真的家长而言,则需要付出一些努力。我们可以先试着讲些笑话,学习如何活跃气氛,这样身心也能更加放松。

【反向激励的预先练习】

- 试着使用简单的反向激励,并记录下来;

- 对着镜子练习;

- 录下视频,自己回看学习;

- 对家人和同事讲笑话；

- 试着每天坚持逗笑某人；

- 看搞笑节目；

- 模仿搞笑艺人的言行。

案 例

18　当孩子厌学时

Before

妈妈：我们今天也来做数学题吧。

孩子：怎么还要做呢？

妈妈：距离考试没有多少时间了，你要多努力！

孩子：题目好多啊……

妈妈：没关系，都不难。

孩子：做好了，核对答案吧。

妈妈：你等一下。

孩子：……（真是无聊。）

利用孩子的逆反心理实施教导。

在上述例子中，家长将原本简单的任务直接定位为"不难"，之所以这样说一方面是实事求是，另一方面是为了让孩子安心做题，但这不利于激发孩子的积极性。家长可以试着将孩子本可以轻松完成的事描述得难度很高。设定一些孩子原本就可以完成的目标，有意地对孩子说："我认为你可能做不到。"这样一来孩子的积极性就会被激发，他可能会想："它看起来简单，不过既然你说很难，那我就挑战一下吧！"此外，对于孩子已经掌握的知识，家长也可以有意地刺激孩子说："你可能还不知道吧。"这样说可以激发孩子更多的求知欲。

如果想要更好地实施反向激励，家长首先需要对孩子的学习程度有清晰的认知：孩子目前已经掌握了什么、还未掌握什么。

遇到孩子已经掌握的知识，家长可以有意地说："我想你可能还不知道吧。"这样说可以激发出孩子讲解的欲望。

而遇到孩子还未掌握的知识，家长可以表现得欲言又止，以此激发孩子的好奇心，孩子可能会央求家长讲解："究竟是怎么回事，快告诉我吧！"像这样，家长可以通过佯装不知或欲言又止的方法来吸引孩子的注意力。

After

妈妈：我们今天来做……啊，这个……还是算了吧！

欲言又止法

孩子：什么？到底是什么？

妈妈：嗯……还是不告诉你了吧。

孩子：快告诉我吧！

妈妈：好吧，这是我从朋友那里拿到的试题，据说里面有几道题是三年级学生绝对答不出的，你真的想试试看吗？

孩子：我想试着做一下！

妈妈：我想你还没有学过吧，题目中要用到两位数的乘法。**佯装不知法**

孩子：我已经学过了！

妈妈：真的？不过我认为即使是你，也很难答出来。

制止法

孩子：我可以，让我试试吧！

妈妈：那你做做看。

孩子：做完了！

妈妈：啊？！这么快就做完了？我来看看答案……全部

正确，好厉害啊！

孩子：哈哈！（真开心！）

反向激励的方法

欲言又止法

对了，我有件事想和你说一下……哎呀，还是算了吧！

嗯？什么？到底什么事？

算了……下次再说吧。

真想知道是什么事！

欲言又止法的定义　说到一半就中止

如果家长在讲到一半时突然停下来，孩子出于好奇会更加聚精会神地听。欲言又止法可以有效地吸引孩子的注意力，当家长想要向孩子传达重要的事或激发孩子的好奇心时，可以应用此方法。

欲言又止法的用语

- 实际上……不，还是不说了。
- 即使说了也没用。
- 这件事很重要……算了，没什么。
- 即使说了也白费力气。
- 有件事我一直没说……不过算了，还是不说了。

欲言又止法的例子

妈妈：我有些话想和你讲……算了，今天先不说了。

孩子：啊，为什么？说说吧！

妈妈：好吧，那么你要认真听！

2

反向激励的方法

佯装不知法

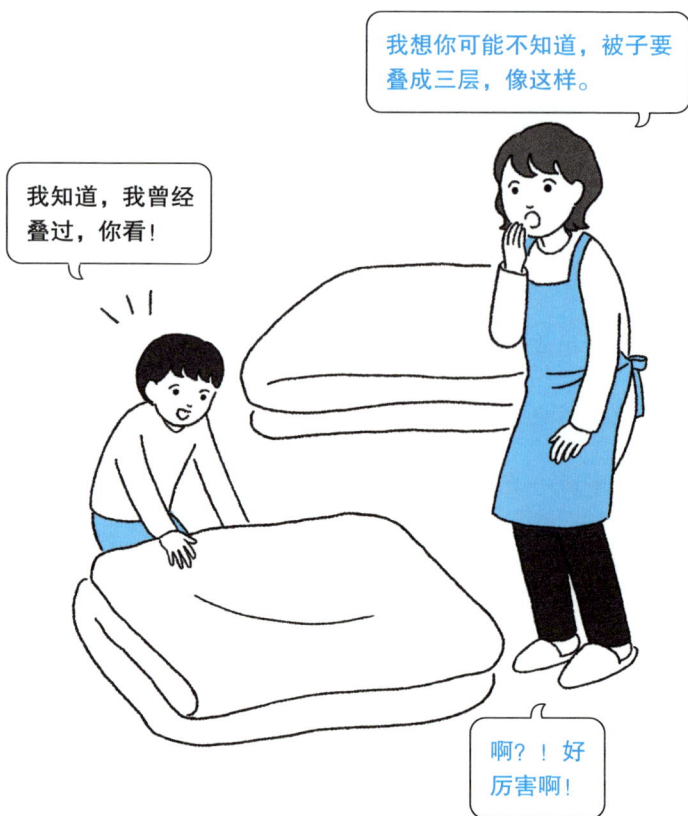

我想你可能不知道，被子要叠成三层，像这样。

我知道，我曾经叠过，你看！

啊？！好厉害啊！

佯装不知法的定义　　假装不知孩子已经了解或可以做到某事

对于孩子已经了解或掌握的事，家长装作毫不知情，一本正经地对其进行说明。孩子可能会生气地反驳说："我知道的！""我在学校学过！"此时家长再有意地做出惊讶的表情表扬孩子，以此来增强孩子的自信。

佯装不知法的用语

- 我认为你应该没听说过……

- 我认为你应该没做过……

- 因为你第一次经历这种事，我想你肯定会很吃惊。

佯装不知法的例子

🧑 妈妈：我想你可能还不会算，3 乘 2 等于……

👦 孩子：6！

🧑 妈妈：啊？！你已经会背九九乘法表了吗？

1
表扬

2
批评

3
提问

4
鼓励

5
反向
激励

3 反向激励的方法

制 止 法

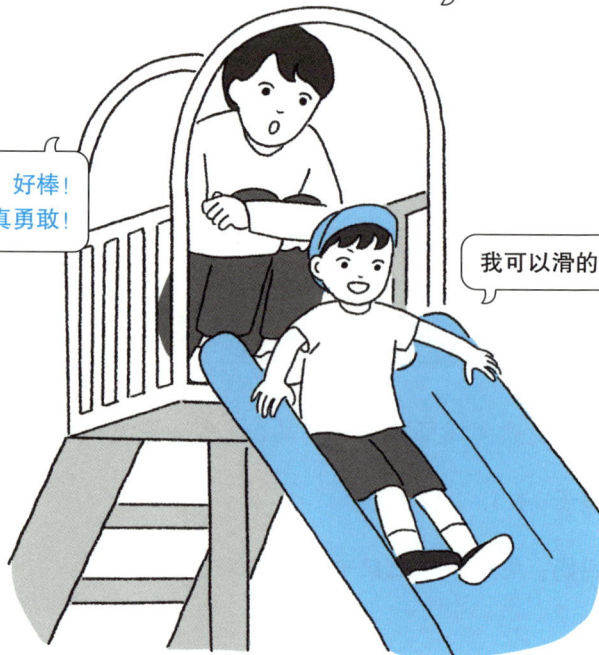

　在孩子开始做某事时就予以制止

　　在孩子开始做某事时就予以制止，这样反而能激发孩子勇于挑战的积极性。这种方法适用于促使孩子完成那些看似很难、实则简单的任务。

制止法的用语

- 那很难做到吧。

- 即使是成年人也很难做到。

- 怎么可能呢?

- 不可能做到的。

- 对于小孩子来说，学这个还太早了。

- 你不用做，因为这需要达到中学生的水平才能做到。

制止法的例子

🧒 **孩子**：我想试着削一下土豆皮。

🧑 **爸爸**：这很难，就连大人也很难削得好……

🧒 **孩子**：我可以，你看我削得多漂亮!

🧑 **爸爸**：真的，你真是个天才小厨师!

案例 19

当孩子拖延时

Before

（临近出发时。）

爸爸：宝贝，准备好出门了吗？

孩子：还没有。

爸爸：怎么还穿着睡衣呢？我们不是说好10点出发的吗？

孩子：嗯……

爸爸：快去换衣服，否则赶不上车了。

孩子：等一下，动画片正演到精彩的地方呢。

爸爸：你以后再看！

孩子：……（又发火了，真烦。）

将孩子能够达到的目标描述得有难度。

在上述例子中，孩子做事磨蹭，迟迟不能出门，这是很常见的问题。孩子缺乏动力往往有一个共通的原因，那就是"没有目标"。当目标缺失时，孩子也就不知道要如何行动。上例中，家长可以将"时间"设置为目标。

首先，家长要预估自己提出的目标确实在孩子的能力范围之内。其次，在表达中要突出强调这一目标的难度。最后，再为孩子提供一条基准线。

例如，孩子一般需要 5 分钟穿好衣服，家长可以说："据说一年级的孩子换衣服平均需要 7 分钟，要想做到又快又好，可不简单。"而当孩子仅用 5 分钟完成后，家长可以给予表扬："你好厉害啊！"

如果目标设定得太高，孩子无论如何也无法完成，很可能会失去挑战的积极性。因此，家长在设定基准线时要留有余地，确保孩子可以达到。而在语言上则要突出目标十分具有挑战性，从而激发孩子的动力。

After

（临出发前 30 分钟。）

👦 爸爸：宝贝，准备好出门了吗？

👦 孩子：还没有。

👦 爸爸：爸爸之前计算过你出门前的准备时间，大概需要

20 分钟，这个速度挺让人失望的！ 叹息法

👦 孩子：……（原来我要花费那么长时间。）

👦 爸爸：刚才我查了一下，据说 9 岁的孩子平均要花 7 分

钟时间做准备。你今年 10 岁了，认为自己要花

多久呢？ 基准法

👦 孩子：嗯……可能 10 分钟吧。

👦 爸爸：我还以为你一定能做到比 9 岁的孩子快呢。

理所当然法

👦 孩子：那就……6 分钟！

👦 爸爸：6 分钟？太难了吧！

孩子：我可以的！

爸爸：是吗？那我们今天就挑战一下在 6 分钟内做好出

门准备，准备好了吗？开始！

孩子：好，我努力！

4 反向激励的方法

叹息法

有点不对劲啊……

我准备好去上学了！

哪里不对吗？……哦，我忘带水杯了！

表达对孩子的失望

　　家长故意表现得很失望，以此激发孩子的积极性。亲子间越是相互信赖，使用这一方法的效果就会越好。家长甚至可以尝试以挖苦的方式来激发孩子的热情。

叹息法的用语

- 还差一些呢。

- 很遗憾。

- 你只是碰巧运气好罢了。

- 真令人失望！

- 看来你还是不得要领。

- 就只差一步了呢。

- 99 分吧。

- 嗯……你是不是忘了什么呢？

叹息法的例子

😊 **孩子：** 我写完生字啦！

😐 **爸爸：** 很遗憾……还差一点。

😮 **孩子：** 嗯？还差什么？……哦，这个字少写了一笔！

5　反向激励的方法

基准法

据说3年级的孩子暑假可以读5本书呢，你觉得5本是不是太难了？

我要试试看！

基准法的定义　**在孩子的能力范围内制定基准**

　　家长给出具体的基准，让孩子理解自己究竟需要做到何种程度。家长可以列举出具体的数值或实例，激发孩子的上进心。正因为设置了基准线，孩子才会有动力为超越基准线而不断努力。

基准法的用语

- 幼儿可以做到这一步，而中学生可以做到那一步。你的目标是什么呢？
- 让我们保持安静，争取做到可以听到外面的声音。
- 请你大声朗读，争取让走廊上的人也能听到。

基准法的例子

　爸爸：据说跳 100 下就可以达标了。

　孩子：我试试看……做到了！

　爸爸：真厉害！

6　反向激励的方法

理所当然法

早上好！

早上好！

见到人要问好，这是常识。

原来如此！

早上好！

1 表扬
2 批评
3 提问
4 鼓励
5 反向激励

理所当然法的定义　**告诉孩子做到哪些事情是理所当然的**

家长可以对孩子说："做到这种程度是理所当然的。"这样说可以明确正常的状态，让孩子产生"我必须要做好"的压力感。但要注意，如果语气太过强硬，可能会使孩子产生逆反心理，因此要轻快、柔和地传达。

理所当然法的用语

- 对于 6 年级的孩子来说，即使家长不说，也应该能做到把要清洗的衣服整理好。

- 既然不小心把室内拖鞋穿出来了，清洗干净再放回去是理所当然的。

- 吃饭时要等长辈先动筷子，这是理所应当的。

理所当然法的例子

（孩子回到家却没有洗手。）

妈妈：一般人回到家后都会立即洗手。

孩子：啊，我忘了！

案例
20 当孩子不主动反馈通知时

Before

👦 **妈妈**：上次考试的试卷今天是不是发下来了？

👦 **孩子**：没有啊。

👦 **妈妈**：怎么可能没有呢？我今天和邻居聊天，要不是她提起发试卷的事，妈妈还完全被蒙在鼓里呢。肯定是发了，总之先把书包拿过来让我看看！你看看这是什么？书包里竟然还有 10 天前发的通知呢！

👦 **孩子**：我忘记拿出来了。

👦 **妈妈**：怎么可能忘了呢！书包里都装了些什么乱七八糟的东西。你已经 6 年级了呀！

👦 **孩子**：哎呀真烦，别管我好不好！这是我的东西，我想怎样就怎样！

👦 **妈妈**：你把学校的通知乖乖交出来不就好了吗？

提醒孩子时，要使用新奇幽默的表达。

有的家长担心批评与提醒会使亲子关系产生裂痕，不妨试着使用新奇幽默的比喻，在轻松的氛围中完成对孩子的教育。遇到需要批评孩子的情境，家长可以先思考如何将它与新奇的比喻结合起来。这样孩子即使受到了批评也会忍不住笑出声，完全不会因为被批评而感到失落。具有幽默感的批评更容易被孩子所接受。

此外，我们还可以使用这样一个小方法：在开始教育孩子时有意识地使用语重心长的语气，让孩子感到家长可能要开始长篇大论了，而此时我们却可以突然终止谈话。孩子的心理会从"又要开始说教了……"转变为"啊？怎么突然结束了呢"。

这种方法借鉴了"蔡格尼克记忆效应"。这种心理效应指出：相较于处理完成的事，人们对于尚未处理完的事会更加印象深刻。也就是说人们通常更容易记住那些未完成或中途被打断的事。

同理，电视剧在精彩处戛然而止，屏幕上出现"下周精彩继续"，这也是以突然中断的方式来激发观众对后续情节的好奇。我们将这一理论应用到教育中，在说教的中途突然停止，可以促使孩子自主思考："为什么不说了呢？我究竟是哪里做得不对？"

值得注意的是，幽默的表达也存在弊端，它会使气氛变得不够严肃，孩子可能并不会像家长期待的那样迅速改正不良行为，甚至家长的幽默还会带给孩子一种获得了奖赏的错觉，以至于不良行为会被强化。如果家长发现这种方法并不适用于自己的孩子，可以采取无视法，等待孩子停下来。

After

🧑 **妈妈：** 上次考试的试卷今天是不是发下来了？

👦 **孩子：** 没有啊。

🧑 **妈妈：** 怎么可能没有呢？我今天和邻居聊天，要不是她提起发试卷的事，妈妈还完全被蒙在鼓里呢。肯定是发了，总之先把书包拿过来让我看看！你看看这是什么？书包里竟然还有 10 天前发的通知呢！

孩子： 我忘记拿出来了。

妈妈： 怎么可能忘了呢！试卷发下来也不拿给家长看，一直放在书包里每天背着上下学，你是为了给自己增加一些负重，以便锻炼腿部肌肉吗？ 奇怪的比喻法

难怪你足球踢得越来越好了！书包里都装了些什么乱七八糟的东西，你当自己是回收箱吗？

奇怪的比喻法

孩子： 嗯……（笑。）

妈妈： 真是的，你已经 6 年级了，也该学会独立了……算了，不说了！ 中途结束法 总之书包太重了，你要清理一下里面的东西。但如果你想要锻炼肌肉的话也可以不清理。我如果收不到学校的反馈会很麻烦的，以后你要主动交给我。

孩子： 好的！（还好妈妈没有发火，以后我要注意了。）

283

7 反向激励的方法

奇怪的比喻法

1 表扬
2 批评
3 提问
4 鼓励
5 反向激励

快点走！

好的！

你走得这么慢，就连蜗牛都会超过你！

这个说法真有趣，看来我要快点走了。

奇怪的比喻法的定义　　　**做出奇怪的比喻来督促或提醒孩子**

　　用奇怪的比喻来提醒孩子。在缓和气氛的同时，也更容易引起孩子对问题的重视。家长可以在平日积累一些有趣的表达，方便在遇到问题时拿来即用。我们可以多思考："如果想让孩子理解这个道理，怎样用其他的事物来打比方呢？"

奇怪的比喻法的用语

- 快点做准备，速度要和七星瓢虫起飞时一样快。

- 快点写，看看能不能快到让铅笔冒出火星来。

- 你又不是蜗牛，究竟是怎样做到行动如此缓慢的呢？

奇怪的比喻法的例子

妈妈：你的字写得太不认真了……如果你有个书法家妈妈的话，她一定会把纸直接扔掉。

孩子：嗯……那我再写一遍吧。

8 反向激励的方法

中途结束法

你太不爱惜东西了，上次也是……算了，还是不说了。

爸爸居然没有长篇大论地批评我，不过以后我要注意了。

中途结束法的定义　在说教的中途突然停止

孩子原本以为家长要开始长篇大论，却没想到在中途戛然而止。孩子出于好奇往往会主动继续思考："我究竟是哪里做错了呢？""下次要如何避免犯错呢？"

中途结束法的用语

- 你其实应该这样做的……算了，不说了。

- 不好好做可不行……算了，当我没说。

- 虽然从常理来讲应该是这样的……算了，我不说了。

- 你居然这样……好吧，就这样吧！

中途结束法的例子

爸爸：这里很危险，不要四处乱跑！你总是这样……算了，多说无益。

孩子：……（爸爸竟然没有发火……不过在这里跑的确不安全。）

案例

21　当孩子不帮忙整理时

Before

（孩子们聚集在泳池中一起玩水。）

爸爸：在外面玩真开心，好了我们收拾一下吧。

孩子：我还想再玩一会儿！

爸爸：小 A、小 B，你们要好好收拾。

孩子们：好的……（收拾东西真无聊。）

让代表做示范。

　　如果家中不止有一个孩子，那么让他们协作去做某事时，总会有孩子偷懒。特别是当亲戚的孩子聚集到一起参加某项活动时，这种现象会更加明显。

　　据说当拔河的人数逐渐增加时，每个人所使出的力量反而会越来越少，并不会达到力量累加的效果，这种现象被称为"林格曼效应"。如果孩子的这种偷懒行为一直没有得到纠正，他就会形成"偷懒也没关系"的错误认知。

　　为了杜绝这种现象，当多个孩子共同完成某事时，家长需要做好分工，这样每个孩子都能意识到责任的重要性。家长可以先委托或选出一个代表来做示范，通过树立榜样促使孩子们朝着共同的目标前进。

　　需要注意的是：家长不要将孩子的行为做比较。家长要避免"A 做得比较好，相比之下 B 却不行"之类的表达，这会伤害孩子的自尊心。总之要确立正确的方向，让每个孩子都朝着这个方向努力。

After

🧒 **爸爸：** 在外面玩真开心，好了我们收拾一下吧。不过收拾东西可是很辛苦的，你们能做到吗？

🧒🧒 **孩子们：** 可以！

🧒 **爸爸：** 那我们先把游泳圈的气放掉。姐姐，你给大家做个示范吧？ **点名法**

🧒 **孩子：** 好的，应该这样做。

🧒 **爸爸：** 果然很厉害！给游泳圈放气就是这样做。对了，有没有人愿意帮忙叠一下帐篷呢？ **招募法**

🧒🧒 **孩子们：** 我来吧！我来吧！

🧒 **爸爸：** 那就拜托举手的几个人来叠，其他人可以帮忙给游泳圈放气吗？

9

反向激励的方法

点名法

点名法的定义 · 点名让某个孩子做示范

如果家里不止有一个孩子，家长可以选出榜样来做示范，还可以让孩子们共同思考究竟他哪里做得好，让孩子对某事有共同的正确认知。

点名法的用语

- 哥哥，你来单独做一下试试。
- 你们知道他究竟是哪里做得好吗？
- 让姐姐来做一下示范。
- 好厉害！优秀的点是哪里呢？

点名法的例子

妈妈：你能帮我去取一下快递吗？

孩子A：拿到了，在这里签名就可以签收了！

妈妈：做的真不错！

孩子B：……（原来要这样做，我也学会了！）

反向激励的方法

招募法

招募法的定义 　以招募人选的方式分配任务

　　家长以招募人选的方式询问孩子是否想做某事。如果家中不止有一个孩子，兄弟姐妹间也可以通过观察相互学习，相互激励。

招募法的用语

- 谁认为自己可以做得很完美，请举手！

- 谁真的想尝试一下？

- 有自信的人请举手，我们一起来做吧！

- 有想挑战的人吗？举手我看看！

招募法的例子

🧑 **爸爸**：有没有人愿意帮忙准备晚饭？

🧒 **孩子**：我想试试！

🧑 **爸爸**：那就请你帮我削胡萝卜吧。

表扬的方法

	方法	定义
1	惊讶法	家长对孩子的行为表现出惊讶
2	夸张法	家长夸张地评价孩子的行为
3	意见法	家长向孩子表达自己的意见
4	比较法	表扬孩子比以前做得更好了
5	赋予价值法	通过为孩子的行为赋予价值来说明其优秀的理由
6	传闻法	将他人的表扬告诉孩子
7	点明法	引导孩子意识到自己的优秀之处
8	感谢法	明确地向孩子表达感谢
9	令孩子开心的比喻法	用比喻来表扬孩子
10	佩服法	对孩子表示敬佩之意

批评的方法

	方法	定义
1	无视法	无视孩子的无理取闹
2	取消法	取消孩子喜爱的活动
3	直接否定法	面无表情地否定孩子的错误言行
4	怒斥法	表现出愤怒，严肃地批评
5	明理法	向孩子说明批评的理由
6	过度矫正法	不仅纠正错误行为，还要求孩子做到更好
7	警告法	警告孩子你会转告其他人
8	失望法	向孩子表达对其感到失望的心情
9	重视法	把重视孩子的心情完全表述出来
10	期许法	表达出对孩子的认可并提出期许

提问的方法

	方法	定义
1	选择法	让孩子从多个选项中确定目标
2	想象法	让孩子想象成功后的情景
3	目标法	让孩子思考活动的目的
4	发现法	引导孩子发现问题
5	扩充法	对孩子的回答进一步做出详细的询问
6	原因法	让孩子思考问题的原因
7	总结法	引导孩子用一句话总结自己的想法
8	数值化法	让孩子的自我评价数值化、具体化
9	反省法	让孩子对自己的行为做出反思
10	步骤法	确认改进的每个步骤

鼓励的方法

	方法	定义
1	理解法	与孩子共情
2	举例法	向孩子列举出自己或他人的经历
3	宣泄法	教会孩子如何表达情感
4	觉察法	让孩子意识到自己现有的优势
5	视角转换法	像将硬币翻面一样，引导孩子改变看问题的角度
6	进一步否定法	否定孩子谦虚的说法
7	引导法	激发孩子积极行动的动力
8	肯定法	通过肯定让孩子充满自信
9	加油法	对孩子表示支持
10	减压法	帮助孩子松弛下来并保持积极的心态

反向激励的方法

	方法	定义
1	欲言又止法	说到一半就中止
2	佯装不知法	假装不知孩子已经了解或可以做到某事
3	制止法	在孩子开始做某事时就予以制止
4	叹息法	表达对孩子的失望
5	基准法	在孩子的能力范围内制定基准
6	理所当然法	告诉孩子做到哪些事情是理所当然的
7	奇怪的比喻法	做出奇怪的比喻来督促或提醒孩子
8	中途结束法	在说教的中途突然停止
9	点名法	点名让某个孩子做示范
10	招募法	以招募人选的方式分配任务

结　语

对于人的一生而言，童年时光非常短暂。而在这段短暂的时光中，孩子通常十分敏感。他们需要在这一时期掌握在这个世界上生存下去的技能。可能因为家长的一句鼓励，孩子的内心就充满希望；因为家长的一句责骂，孩子的心灵就蒙上阴影。因此，家长需要用心斟酌亲子沟通时的话语。

教育孩子并非易事。通常情况下，家庭中只有家长和孩子两种角色。家长只能通过自省来把握说话的分寸是否得当、教育的方法是否有效。正因为如此，家长才有必要挖掘语言背后的深意。

我想将下面这首诗分享给大家。

如果孩子生活在批评中，他将学会谴责；

如果孩子生活在敌意中，他将学会争斗；

如果孩子生活在恐惧中，他将学会不安；

如果孩子生活在怜悯中，他将学会自怜；

如果孩子生活在欺辱中，他将学会畏缩；

如果孩子生活在嫉妒中，他将学会嫉恨；

如果孩子生活在责骂中，他将学会自卑；

如果孩子生活在鼓励中，他将学会自信；

如果孩子生活在宽容中，他将学会体谅；

如果孩子生活在赞美中，他将学会开朗；

如果孩子生活在爱意中，他将学会爱人；

如果孩子生活在认可中，他将学会自爱；

如果孩子生活在关注中，他将学会努力；

如果孩子生活在分享中，他将学会慷慨；

如果孩子生活在正直中，他将学会真诚；

如果孩子生活在公平中，他将学会正义；

如果孩子生活在关爱中，他将学会体贴；

如果孩子生活在守护中，他将学会坚强；

如果孩子生活在和睦中，他将会爱整个世界。

——[美] 多萝西 · 劳 · 诺尔蒂博士

亲子沟通的方法有千千万万，而在教育中，爱与方法其实同等重要。如果家长能够以爱为本，并且通过刻意练习来提升自己的语言技巧，那么我相信亲子关系将会变得更加融洽，孩子也会感到更加幸福。教育的关键在于相信孩子的潜力，由衷地赞美孩子的点滴进步。

那么让我们通过提升语言的应用能力，更好地享受教育孩子的过程吧！我衷心希望本书的方法能对每个家庭中的每个孩子的人生都有所助益。

———三好真史